中国传统文化与教育探索

王天桥 著

中国原子能出版社

图书在版编目（CIP）数据

中国传统文化与教育探索 / 王天桥著. --北京：
中国原子能出版社，2023.9
ISBN 978-7-5221-3067-5

Ⅰ. ①中… Ⅱ. ①王… Ⅲ. ①中华文化–教育研究–
高等学校 Ⅳ. ①K203

中国国家版本馆 CIP 数据核字（2023）第 193202 号

中国传统文化与教育探索

出版发行	中国原子能出版社（北京市海淀区阜成路 43 号 100048）
责任编辑	杨晓宇
责任印制	赵 明
印 刷	北京天恒嘉业印刷有限公司
经 销	全国新华书店
开 本	787 mm×1092 mm 1/16
印 张	12.25
字 数	220 千字
版 次	2023 年 9 月第 1 版 2023 年 9 月第 1 次印刷
书 号	ISBN 978-7-5221-3067-5 定 价 72.00 元

作者简介

　　王天桥，男，生于 1979 年 8 月，贵州省安龙县人，南京大学哲学系中国哲学专业在读博士，贵州师范学院马克思主义学院副教授，黔南民族师范学院教育硕士（学科思政）外聘硕士生导师，贵州省高校思想政治理论课教学名师。2002 年任教至今，从事伦理学、思想政治教育学原理、心理健康与心理辅导教学工作，主持省级、地厅级课题 10 余项，公开发表论文 30 余篇。

前　言

　　中华民族的传统文化是中华五千年悠久历史的结晶，承载了无数先人的智慧和创造力，不仅内涵丰富，涵盖了哲学思想、道德伦理、文学艺术、科学技术等多个领域，而且特色鲜明，如儒家仁爱、道家自然、法家法治等思想，构成了中华民族独特的文化基因。在漫长的历史长河中，这些传统文化元素承载着丰富的民族精神和道德观念，深刻影响着中国人的思想、行为和生活方式。而在全球化的今天，中华民族的优秀传统文化更是成为连接民族情感、促进文化多样性的重要桥梁，它不仅增强了国人的文化自信，也为世界文化的交流与互鉴贡献了中国智慧。因此，中华民族的传统文化不仅是历史的遗产，更是当代社会发展的宝贵资源，值得我们每一个人去珍惜、传承和发展。

　　在教育领域，有效融入中国传统文化显得尤为重要。中国传统文化与现代教育的融合，对于培养具有全面素质和创新精神的人才具有重要意义。中国传统文化博大精深、源远流长，是中华民族的瑰宝，包含了丰富的人生哲理和社会智慧。而现代教育则强调科学知识的学习和技能的培养，注重学生的个性化发展和创造力激发。一方面，中国传统文化中的道德观念、人文精神和社会责任感，可以在现代教育中得到传承和弘扬。这有助于培养学生的道德品质和社会责任感，使他们在追求个人发展的同时，也能够关注社会进步和人类福祉。另一方面，中国传统文化的智慧，可以为现代教育提供丰富的教学资源和思考角度。例如，儒家思想中的"仁爱""中庸之道"，道家的"无为而治"，以及佛教的"慈悲为怀"，都可以为现代教育提供独特的哲学视角和道德思考。此外，中国传统文化的生命力，可以在现代教育中得到新的体现和发挥。在全球化的背景下，中国传统文化与现代教育的融合，有助于培养学生的国际视野和跨文化交流能力，使他们能够在国际社会中发挥重要作用。

1

　　本书共分为五章，第一章为中国传统文化与教育概述，主要论述了中国传统文化的内涵、中国传统文化的特点、中国传统文化的精神以及中国传统文化与教育的关系。第二章为中国传统文化与当代大学教育的融合，具体包括当代大学教育概况、当代大学生教育问题分析、发展大学生传统文化教育的必要性以及当代大学教育与传统文化的互鉴与共融。第三章为中国传统文化与德育，具体论述了中国传统文化中的德育思想、中国传统文化德育思想的启示以及中国传统文化与大学生德育教育的融合。第四章为中国传统文化与思想政治教育，综合阐述了中国传统文化对大学生思想政治教育的意义、大学生思想政治教育中传统文化的缺失以及中国传统文化与大学生思想政治教育的融合。第五章为中国传统文化与职业素质教育，具体包括中国传统文化中的敬业观、当代职业素质构成及要求以及中国传统文化与大学生职业素质教育的融合。

　　在撰写本书的过程中，笔者参考了大量的学术文献，得到了许多专家学者的帮助，在此表示真诚感谢。本书内容系统全面，论述条理清晰、深入浅出，但由于笔者水平有限，书中难免有疏漏之处，希望广大读者批评指正。

目 录

第一章　中国传统文化与教育概述

随着教育的改革和发展，传统文化教育也越来越受到重视。本章为中国传统文化与教育概述，主要论述了中国传统文化的内涵、中国传统文化的特点、中国传统文化的精神以及中国传统文化与教育的关系。

第一节　中国传统文化的内涵

传统文化作为一种文化集合，能够深刻地反映出特定民族的特质和独特风貌，它不是一种静态的存在，而是一个动态的、不断演化的过程，涵盖了从古至今的各个历史时期中形成的物质、制度和精神文化实体与意识。这些实体和意识包括了从民族服饰、建筑风格、饮食习惯、社会规范、法律法规、教育制度，以及宗教信仰、哲学思想、艺术创作等各个方面。了解中国传统文化的内涵，首先要理解什么是"传统"和"文化"。

一、传统

"传统"是一种承载着丰富意义、世代相传的思想、行为和想象的产物，其深远的影响力渗透在我们生活的每一个角落。它不仅是历史的遗产，更是一种活生生的文化实践。传统的核心在于"传"与"统"的融合，这两个字分别代表了传承的过程和连续性的维护。"传"字所蕴含的传承意义，不仅是一个简单的传递动作，还是一种跨越时空的文化接力，是一种从古至今、从老至幼的知识、技能和智慧的传递。这种传承不仅是物质的传递，更是精神文化的延续，它确保了文化的不灭和更新。而"统"字则强调了连续性，它意味着传统并非断裂的片段，而是一条贯穿历史的长河，是一代又一代人共同积累和沉淀

1

的结果。这种连续性使传统具有了稳定性和权威性，成为社会秩序和文化认同的重要基石。这些传统，无论是对个人生活习惯的塑造，还是对社会价值观念的巩固，都起着不可忽视的作用。它们影响着我们的饮食、服饰、节日庆典、宗教信仰，甚至是我们的语言和思维方式。因此，传统对于我们理解自己和世界具有深远的意义。它不仅是我们文化自信的源泉，也是我们解决现实问题、展望未来的智慧库。通过对传统的深入理解和传承，我们能够更好地连接过去与未来，塑造一个更加和谐、包容的社会。

二、文化

文化不仅是一个抽象的概念，还具体体现在人类社会的各个方面。它既包含了物质财富，如建筑、器物、艺术品等可见的物质成果，也包含了精神财富，如信仰、道德、法律等不可见的精神成果。文化的内涵广泛，既涉及世界观、人生观、价值观等意识形态领域，也涵盖了自然科学、技术、语言和文字等非意识形态领域。文化的形成与发展，是一个国家或民族长期历史演进的结果，它深深地烙印着一个国家或民族的历史足迹。从地理环境到风土人情，从传统习俗到生活方式，从文学艺术到行为规范，文化的每一个层面都在无声地讲述着这个国家或民族的故事。

（一）文化的定义

在中国古代，"文化"这一词汇是由两个独立的概念"文"与"化"组合而成。其中，"文"原指复杂交错的纹理，象征着秩序与美观，而"化"则意味着变化，指事物形态或性质的改变。这两个字在早期各自独立使用，直到西汉时期，刘向在《说苑·指武》中首次将"文化"作为一个整体概念提出，他所指的"文化"主要是指文治教化，即通过德行和文化的力量来治理国家，强调以文德为先、武力为后。

随着时间的推移，"文化"这一概念逐渐演变和发展，"文"与"化"的结合不再仅仅是文治教化的简单组合，而是形成了一个更为广泛和深入的整体概念。这个概念更加侧重于"人文"，涵盖了人们的思想道德、价值观念、风俗习惯以及典章制度等多个方面。它不仅包括了知识和艺术的创造与传承，也包含了社会规范和行为准则的形成与变迁。

《大百科全书》在20世纪70年代为文化赋予了新的定义，将之视为人类社会实践的产物，这一概念既包含了人类生产和生活中创造的物质财富，也包含了精神财富。在此基础上，张岱年进一步阐释了文化的内涵，将之分为三个层次：第一层次是思想意识，包括价值观念和思维方式，这是文化中最为核心的部分；第二层次是文物即思想意识的实物化表现，如艺术品和建筑等；第三层次是制度、风俗，这是思想观点凝结成的社会规范和行为准则。现代人对文化的理解更加深入，我们不再只是从静态的角度看待文化，而是强调实践在文化创造和延续中的核心作用。实践不仅是文化产生的土壤，也是文化不断发展和创新的动力。这种理解体现了文化不仅是人的思想方式和意识观念的总和，更是一种稳定影响人行为的生存方式。在这种视角下，文化就像血脉一样，贯穿于文明之中，并在不同的层面上发挥作用，从而塑造了人类社会的多样性和复杂性。因此，对文化的理解和研究，不只是作为学术上的探讨，更是对人类自身存在方式的深刻反思；不只是对过去的回顾，更是对未来的展望。它指引着我们在瞬息万变的世界中保持文化的连续性和创新性。

（二）文化的特征

文化是由人类创造出来的。它展现出丰富多样的形态，既包括传统的艺术、习俗和信仰，也涵盖现代的科技、时尚和思想。这种多样性是文化的一大特色，它反映了人类在不同时代、不同地区、不同群体中的独特创造力和生活方式。尽管文化表现各异，但它又具有普遍性，无论是东方还是西方，无论是古代还是现代，文化都是人类共有的精神财富，贯穿于人类历史发展的每一个阶段，如果从普遍适用的视角考察，文化的主要特征包括如下方面：

第一，人类独具共有。文化是人类在漫长的进化历程中劳动和创造活动的成果。这一属性凸显了人类区别于其他生物的独有的认知和创造能力。文化的存在，不仅反映了人类对世界的理解，也展现了人类对环境的改造和创新。人类除了具备其他动物的生物学本能，还具备超越了这些本能的人类特有的"人性"。人性是文化的表现，人性甚至可以代指文化。可见，文化是排除其他所有动物的，具有"非动物性"特征。当然，文化在形态上也是"非自然"的，凡是所谓"自然天成"的事物，都不属于文化范畴。

第二，体用接续传承。"体"与"用"，是中国古代哲学中相互关联的重要命题。一般认为，"体"指本体，即事物最根本、内在、本质的属性；"用"指作用，是"体"的外在形态、表象及表现。此处借以代指文化，意在说明：文化的内在精神及外在形式，必须具备一定的影响力，在时间与空间上得到响应与传播。流传的时间越长、地域越广，则此文化的生命力、影响力越强。与此相较，凡是某个人的异想天开、不切实际、未曾获得群体认同的"创新"，都不能称之为文化。文化的构成，是超越人类个体、承传有序的。

第三，地域界划稳定。文化现象的形成，受到地域形态的制约。不同地域自然环境的差异，形成了形态各异的文化。例如，地形的平原、草原、高原、沙漠、山区，地域的开放、封闭，土地的肥沃、贫瘠，气候的干旱、多雨、严寒、温暖、酷热等，都是当地文化产生及定型的重要因素。地域的影响，特别明显地表现在穿着、饮食等行为习俗文化方面。人们常说"入乡随俗"，此"俗"不但含有认可与随同当地习俗的意味，也带有因当地客观条件限制而不得不然的含义。

第四，族群阶层专属。文化生成与承传，离不开人类社会。这里的社会，大多是由族群（民族）构成的。特定的民族性，成为文化的重要标志。有些民族文化，经过不断的发展演变、碰撞融合，成为大体量、多民族地区或国家的主流文化；还有的上升为宗教信仰，不仅成为信众的集体意识，甚至左右国家政治，达到政教合一的效果。例如，欧洲中世纪的基督教、现代部分中东国家的伊斯兰教，便是如此。文化也具有阶层（阶级）属性，但这一属性的影响弱于族群属性。同一民族不同阶层的区别，更多地表现在衣食住行等物质、行为的形而下文化层面；而在民族认同、文化核心理念方面，同一民族各阶层的思想往往是一致的。

第五，时代特征鲜明。文化是由人类创造的，创造的前提是解决生存问题。不同时代出现的问题各不相同，在解决这些问题的过程中，就会形成新的文化形式。这种情况，在社会剧烈动荡、改朝换代之时，体现得尤其鲜明。人类社会从原始社会、奴隶社会、封建社会迄今的发展历程，可以表述为新文化战胜旧文化的过程，体现出鲜明的新时代文化风貌。即使在同一时代（政治体制）、同一王朝、坚信同一理念，也会出现新的（不同的）文化政策、文化表征。例如：同属西汉，初期的文帝和景帝推崇黄老，武帝时期则独尊儒术；同为资产阶级革命，法国成为共和国政体，英国则是君主立宪。不过，在承认文化具有时代特征的同时，还要注意文化的"返祖"现象。有的学者曾经认为，西方文化的发展变化是"断崖式"的，并且列举依靠"科学、民主"砸碎中世纪"锁链"的例证。从表面上看来，这种观点固然不错；但是，"民主、自由"等理念及概念，早在古希腊、古罗马时代即已形成。东亚地区受儒家思想影响极深，当代与古代（文化传统）相融的特征更加明显，包括日本、朝鲜半岛等，无不如此。自古以来，东亚各国虽然政权更迭、制度变革，甚至脱亚入欧（如日本），但从治国方略、社会理念到风俗习惯，无不或隐或显地存在着儒家传统的印记。因此，在肯定文化时代（当代）特征的同时，也要注重前代文化（特别是重要、主流文化）对后世的巨大影响力。

（三）文化的功能

1. 文化是根基

一个民族、国家、组织的根基就是文化。文化的根基作用主要体现在以下方面：

第一，文化产生了物质财富。物质财富的生产需要靠知识、技术、掌握知识的人。

第二，文化是精神财富的根。思想的形成是精神财富的一部分，其来源是文化。文化孕育了科学和教育，两者促进了文化的发展。

2. 文化是土壤

文化是人类精神发展孕育出来的产物，任何文化的生长都需要一定的物质土壤来孕育。文化是土壤表现在以下两个方面：

第一，优秀的传统文化是一个民族赖以生存的条件。优秀的制度，道德、思想等经过不断完善、发展，可以为民族文化提供源源不断的养料，优秀的文化土壤可以培养出优秀的文化传统。

第二，优秀的传统文化是一个民族精神的土壤。民族精神是在文化的土壤里孕育出来的宝贵产物。民族精神扎根文化的土壤可以不断得到发展和更新。

3. 文化是力量

文化是一种影响国家、民族的巨大力量，可以推动一个国家或民族的发展。

第一，文化有利于增强民族的凝聚力。如果组织成员都认同同一种文化，就会产生归属感和自豪感，愿意为了文化的发展添砖加瓦，为维护文化的自尊而贡献力量，完成特定的使命。

第二，文化有利于提升民族的抗击力。文化的独立具有防御功能，有利于抵制外来因素的侵扰。民族独立性的形成依赖于文化，独立的文化有助于增加民族的抗侵扰能力。

三、中国传统文化

（一）中国传统文化的含义

中国传统文化是中华民族五千年的文明发展的结晶，它不仅是一种历史的沿袭，更蕴含着"传承"之意。它汇聚了民族历史上各种思想文化的精髓，体现了中华民族独特的观念形态和风貌。中国传统文化在历史的长河中不断积淀、传承与发展，不仅承载着中华民族的智慧和历史记忆，更在现代化的进程中展现出适应时代变化的强大生命力。它将广大的中华儿女紧密团结在一起，形成了一种共同的文化认同感和民族凝聚力，并且在当今社会的精神文明建设中发挥着不可替代的作用。中国传统文化与现代社会的交融，既体现了文化的创新与发展，也为全球文化的多样性贡献了独特的中国智慧和中国方案。

中国传统文化内容之丰富，几乎涵盖了人类生活的方方面面。它既包括诸子百家的学术研究、琴棋书画的传统艺术以及蕴含深厚传统文学的诗词歌赋，还包括中国的汉字汉语、传统中医、宗教哲学、民间工艺、地域文化、中华武术、民风民俗、古玩器物、神话传说、音乐戏曲等。这些传统文化元素相互影响、相互作用，共同构成了中华民族独特的精神世界，并对中国社会的发展产生了重大影响。

具体来说，中华传统文化不仅包括思想、文字、语言等基础元素，还包括六艺，即礼、乐、射、御、书、数等，这些都是古人对生活、道德、技艺的总结和传承。随着生活水平的提高，书法、音乐、武术、曲艺、棋类、节日、民俗等文化形式也逐渐丰富起来，它们成了人们日常生活中不可或缺的一部分。此外，中华传统文化还包括古文、古诗、乐曲、赋、民族戏剧、国画、书法、对联、灯谜、酒令、歇后语等。这些文化形式，不仅是艺术的表现，更是中华民族情感和智慧的结晶。中华传统文化中还包括春节、元宵节、清明节、寒食节、端午节、七夕节、中秋节、除夕等传统节日，以及各种民俗活动。这些节日和活动,不仅是文化的传承,也是中华民族情感的纽带,将人们紧密地联系在一起。另外,中华传统文化还包括传统历法在内的中国古代自然科学,以及生活在中国的各地区、各少数民族的传统文化也是中华传统文化的组成部分。这些文化元素,共同构成了中华民族丰富多彩的文化面貌,展现了中华民族的智慧和创造力。

中华优秀传统文化,凝聚了中华民族几千年的智慧和精神追求。它不仅是历史的积淀,更是在历史长河中不断推动社会前进的动力。这些文化精华,如儒家仁爱、道家自然、法家法治等思想,为中华民族的发展提供了精神支撑。这部分优秀文化在中华民族思想发展史上起到过积极的推动作用,对于现代社会来说也有其价值,在文化思想层面上,能够促进社会进步和民族发展。

优秀的传统文化具有鲜明的民族特色,历经数千年的传承与发展,形成了独特而深厚的文化精神。这一精神体现在我们的知识系统、价值系统、行为系统之中,是我们中华民族几千年历史文明的结晶。它不仅为我们提供了认识和改造世界的工具,更在民族心理和民族性格中烙下了深刻的印记。因此,继承和弘扬优秀的传统文化,对于维护民族自信、促进社会和谐、推动创新发展具有深远的意义。

(二)中国传统文化的分类

按时间维度分类,中国传统文化是包括中华文化的过去式、现在式和将来式的文化。

其一,文化的过去式,即中华先民从夏商周至1840年期间所创造的哲学、宗教、科技、教育、文学、艺术、兵学等成果,以及中国古代的价值观念、思维定式、风俗习惯等,这构成了中国传统文化,同时也是中国传统文化的过去式。

其二,文化的现在式,即从过去一直延伸到现在的文化观念。这里我们需分清"传统文化"和"历史文化"的界限。并非历史上出现过的文化都属于传统文化,由于文化具有不断产生又不断淘汰的特征,所以只有那些具有重要价值且具有生命力的文化,才得以积淀、保存、延续下来,成为后来文化的组成部分,这可被称为传统文化。任何时代的文化都不是空中楼阁,必然是传统文化的继承和发展。那些曾经出现在各个历史时期的文化现象,虽曾流行一时,但在当世作用和价值不大，更对后世无影响和作用的文化，此乃历史文化。因此可以说中国传统文化在当代的作用和影响就是中国传统文化的现在式。

其三，文化的将来式，即对未来的文化建构产生作用和影响，成为未来文化重要组成部分的文化。文化是一条不息的河流，今天的文化是昨天的演变和发展，明天的文化是今天文化的必然延续。同理，中国传统文化典籍中所包含的伦理观念、生活态度、价值体系、思维方式，不仅存在于过去和现在，而且毋庸置疑地会对未来社会产生重要作用，这就是中国传统文化的将来式。

（三）中华优秀传统文化的核心思想

中华优秀传统文化，作为中华民族五千年文明史的瑰宝，汇聚了传统文化的精华，彰显了民族精神的深刻内涵。它为中华民族的发展壮大提供了精神支柱，而且在思想文化领域发挥了积极的推动作用，至今仍具有合理价值。

实际上，从操作的层面看，我们所要传承弘扬并创新发展的中国传统文化，主要是无形的方面，正所谓"形而上者谓之道"也。中国传统文化中的爱国主义精神、天下为公的理想、忠恕之道和和谐思想等，皆是我们代代相传的宝贵精神财富。今天，我们要想建设中国传统文化的传承体系，仍旧需要从精神内涵的角度深入挖掘这些核心价值观，这不仅是对历史文化的尊重和传承，更是为了激励现代社会更好地理解和运用这些价值观，推动国家社会的长期稳定和全面发展。

目前，我国正处于社会主义核心价值体系构建的关键时期，这一体系的构建离不开深厚的历史文化根基。中华优秀传统文化的核心思想理念对于价值体系的构建具有不可替代的作用。例如，阴阳五行的对立统一观念、天人合一的自然和谐理念、儒家倡导的以和为贵的中庸之道，以及强调自强不息、修身克己的个人修养理念。它们是对中国传统文化的精炼概括与总结。

这些思想理念无形中渗透于我国各个文化领域，深刻塑造了人们的行为习惯和思维方式。阴阳五行的思想，以其朴素的唯物主义，启示我们认识世界的多样性和变化性。天人合一的理念，引导我们在现代社会中寻求与自然的和谐共生。中和中庸思想是中华传统文化追求的理想境界，一是承认各种事物各不相同、各有特色，不以人的意志为转移。二是教人们要有忍让意识，处理问题最好实现双赢。三是要有修养与品格。中庸要求处理问题不偏不倚，恰如其分；

中和要求各方面都要和睦协调。修身克己的思想是指进行个人修养的构建，做人必须自觉提高自身价值，要做到修身必须克己，克服自己身上的弱点才能不断地提升自己。老子所说的"自胜者强"就是克己的思想体现。

中国优秀的传统思想能够与时俱进、历久弥新。如今科学技术越来越发达，文化水平也在不断提高，优秀传统文化应该被重新审视和挖掘，对其核心思想作出进一步的提炼和总结。

（四）中华优秀传统文化的价值解读

中华优秀传统文化是民族精神的命脉，也是激发我们民族创造力的不竭源泉。在新时代的征程上，继承与弘扬这些文化精髓，已成为社会主义文化发展的重要任务。它对于推动社会主义现代化进程和构建社会主义先进文化具有深远的影响。

在社会主义市场经济的背景下，文化的繁荣不仅是经济发展的伴随品，更是社会进步的内在要求。我们的传统文化，以其独特的价值观念、道德规范和审美情趣，为社会主义现代化提供了丰富的精神资源，为构建和谐社会提供了有力的道德支撑。

因此，建设优秀传统文化传承体系，既是对中华优秀传统文化的继承与发展，也是推进社会主义先进文化发展的重要标志。在这一过程中，我们能保存和发扬民族的文化根脉，也为实现社会主义现代化和建设社会主义先进文化贡献了智慧和力量，其意义非凡，影响深远。

1. 中华优秀传统文化滋养着中国特色社会主义

"中国特色"是自古以来中国独有的、彰显中国风格气派的、由中国这个特定的具体的环境所创造的。中国共产党人积极自觉地把中华优秀传统文化与中国特色社会主义有效对接起来。之所以必须走一条适合自己特点的发展道路，正是因为我们拥有独特的文化传统、独特的历史命运和独特的基本国情。这条道路，称之为中国特色社会主义道路，它是在中国共产党领导下，经过长期探索和实践形成的独特发展路径。它紧密结合中国的实际情况，顺应了时代发展的潮流，展现了中国人民的智慧和勇气。这条道路深深植根于中华优秀传统文化的沃土之中，汲取了中华民族历史传统、文化积淀的丰富营养，反映了中国人民的共同意愿和根本利益。

中华优秀传统文化为中国特色社会主义提供了坚实的思想基础和文化支撑，是其文化自信的重要源泉。这种文化自信体现在对传统价值的继承和发扬上，更表现在对现代社会发展问题的深刻理解和创新解决上。中国特色社会主义的发展，有着深厚的历史渊源和广泛的现实基础，它是在不断实践中得到验证和发展的。

中国特色社会主义的建设，深深植根于人民群众的历史创造活动，是继承和发扬中华优秀传统文化的表现。在这一过程中，中国共产党继承了中华优秀传统文化的精髓，并将之与马克思主义的普遍真理相结合，创造出了一种既符合社会主义内容又具有中华民族特色的新型文化。这种文化的形成，是对中华民族几千年文明成果的继承与发展，同时也是对马克思主义基本原理的创新应用。

中国特色社会主义的理论体系，不是简单的移植或嫁接，中国特色社会主义建立在马克思主义的普遍真理上，把马克思主义与中国国情结合起来，走自己的道路。中华优秀传统文化中的"力行"思想、"治国平天下"理念、"中庸"理论、"大同"社会理想，与马克思主义的实践学说、改造世界学说唯物辩证法、共产主义学说之间存在着深刻的契合和共鸣。这些内在的思想会通为中国共产党和中国人民接受马克思主义提供了文化基础，也为马克思主义的中国化提供了肥沃的现实土壤。

因此，在推进中国特色社会主义建设的伟大实践中，既要坚持马克思主义的科学指导，又要充分汲取中华优秀传统文化的营养，确保发展道路既具有鲜明的时代特征，又充满浓郁的民族特色。

2. 中华优秀传统文化是社会主义核心价值观的源泉

中共十八大高瞻远瞩地提出了培育社会主义核心价值观的重要任务，这一举措深刻体现了我国民族和国家在特定历史阶段能做到根据自身根本制度和社会发展需求，塑造引导全社会思想和行为的核心价值观。一个民族或国家的核心价值观，必然深深植根于其独特的历史文化之中，紧密关联着该民族或国家人民的奋斗目标，并且必须与该民族或国家当前亟待解决的时代问题相契合。这种契合度不仅体现了价值观的生命力，也为之赋予了时代的意义和实践的动力。

社会主义核心价值观的深厚底蕴，源自博大精深的中华优秀传统文化，因与中华民族的发展紧密相连，能够与时俱进，从而为社会主义核心价值观的形成和发展提供了坚实的思想基础。中华优秀传统文化中的"实干兴邦""兼听则明"等理念，以及"礼法合治""敬业乐群"等价值观，都是社会主义核心价值观的重要组成元素。这些传统理念与价值观在新的历史条件下得到了新的诠释和应用，成为推动中国特色社会主义建设的重要精神支柱。中华优秀传统文化与社会主义核心价值观相互促进、相互支撑，共同服务于国家治理体系和治理能力的现代化。这体现了中华文化的生命力和时代价值，也彰显了社会主义核心价值观在引领社会思潮、凝聚民族力量、推动社会进步中的重要作用。

3. 中华优秀传统文化是中华传统美德的资源宝库

为了构建和谐社会，我们必须深化全社会的思想道德建设，这是提升民族素质和促进社会进步的关键。要激发每个人内心深处的善良道德意愿和情感，通过教育和社会实践，培养公民形成坚定的道德判断和责任感。此外，还应着重提高人们的道德实践能力，尤其是自觉践行的能力，引导公民积极向往和追求道德生活，崇尚道德、尊重道德、恪守道德。这样的努力能够汇聚成一股向上的力量，推动社会向着更加文明和道德的方向发展，激励每一个个体追求更高的道德境界。这不仅从理论层面阐释了思想道德建设对于个人的重要性，更深刻揭示了保持中华传统美德的优良传统对于国家富强、民族振兴的重要价值。

中华传统美德，承载着中华民族数千年的道德智慧和精神追求。这些美德，如仁爱、忠诚、孝顺、谦虚、勤奋、诚信等，构成了现代中国道德建设的坚固基石。在新的历史条件下，我们必须深入挖掘和传承这些传统美德，从中汲取丰富的道德营养，使之成为推动社会进步和文明发展的强大动力。

第二节 中国传统文化的特点

中华民族的传统文化，以其深厚的内涵和独特的魅力，历经千年而不衰，始终保持着鲜明的民族特色。它包含了丰富的哲学思想、道德观念、艺术表现和科学知识，塑造了中华民族的精神面貌和行为方式，对民族的历史发展和社会进步产生了深远的影响。在全球化的今天，尽管文化多元发展，中华民族的优秀传统文化依然展现出其独特的理论深度和社会价值。它不仅为国人提供了精神指引，也为世界文化的多样性贡献了中国智慧，成为连接过去与未来、民族与世界的重要桥梁。

一、相对独立

中国传统文化的相对独立性，根植于其独特的地理环境。中国文化诞生于东亚大陆的广袤土地，北接大漠，西邻高原，东南临海，这些自然屏障在古代交通不发达的条件下，形成了一片相对封闭的空间。在这样的环境下，中国文化得以在一种与外界较为隔离的状态中孕育和发展，形成了一种自发的文化特色，并独立成为一个系统。这个系统以华夏文化为核心，逐渐融合了国内各民族的文化精华，形成了一个多元一体的文化统一体。这种统一体具有强大的同化力，无论历史上遭遇何种内忧外患，即便是在政治动荡、国家分裂的极端情况下，中国文化都能够保持其完整性和统一性。这种文化的韧性和凝聚力在世界其他民族的文化中是罕见的。中国传统文化的相对独立性并不意味着完全的封闭和排外。相反，它在长期的历史发展过程中，不断吸收和融合外来文化因子。然而，这些外来文化元素并未占据主导地位，而是被中国文化按照自身的规律和需求加以吸收、转化，最终融入华夏文化的庞大体系之中。

总之，中国传统文化的相对独立性是由其地域性所决定的，它形成了一个以华夏文化为中心的统一体，并在历史的长河中展现出惊人的韧性和凝聚力。同时，中国文化以其开放的心态和包容的胸怀，吸收外来文化，不断推进自身的发展，展现了其独特的生命力和时代价值。

二、多元统一

中国文化，以其独特的多元统一性，展现了其深厚的历史底蕴和广泛的包容性。在漫长的历史进程中，中国文化不断吸收和融合来自四面八方的民族文化，如同一条汇聚百川的大河，形成了丰富多彩、独具魅力的中华文明。

这种多元统一性的文化特质，源于中华民族开放包容的心态和海纳百川的气度。从古代的丝绸之路到现代的国际交流，中国文化始终以一种积极的态度，接纳和吸收着其他民族文化的精华。无论是北方游牧民族的粗犷与豪放，还是南方农耕民族的细腻与婉约，抑或是西域各民族的独特风情，都在中国文化的熔炉中得到了融合与发展。

正是因为这种多元统一性和兼容并包的文化特质，中国文化不断发展壮大，形成了独特的文明景观。从四大发明到国粹京剧，从陶瓷艺术到丝绸之路，中国文化的每一个闪光点都是世界文明宝库中的瑰宝。

三、具有连续性与凝聚力

中国传统文化几千年的发展历程展现了惊人的连续性和整体性。历史的年轮滚滚向前，无论面对何种挑战，中国传统文化都未曾中断，也未被任何外来文化所征服。

中国文化的连续性，首先要归功于其强大的同化力与融合力。从古至今，无论是北方的游牧民族，还是南方的农耕民族，抑或是西域的多元文化，都在与汉族文化的交流碰撞中，逐渐被中华文化所吸收和同化。例如，元朝和清朝虽由蒙古族和满族统治，但最终都采用了汉族的文化和制度，使中国传统文化得以延续和发展。

其次，稳定的社会结构为中国传统文化的连续性提供了坚实的基础。中国历史上的大一统观念、国家政治的稳定、家族结构的牢固，以及土地经济的持续，都为文化的传承提供了稳定的背景。这些社会结构要素使中国文化能够在历史的风雨中保持其核心价值不变。

最后，中国传统文化的一贯思想意识形态，如"仁义礼智信"等儒家核心价值观，贯穿于整个文化发展过程，成为文化连续性的精神纽带。这些思想理念不仅塑造了中华民族的性格，也确保了文化在世代更迭中的稳定性。

此外，中国传统文化具有强大的凝聚力。这种凝聚力表现在文化心理的自我认同感和超地域、超国界的文化群体归属感上。无论是在国内还是在海外，中华文化的精髓都能激发起人们的文化自豪感和民族认同。千百万海外华侨华人对祖国的深厚情感，正是这种文化凝聚力作用的体现。

在现代化建设方面，中国传统文化发挥了不可替代的作用。优秀的传统文化不仅教育了人民，团结了人民，还提高了全民族的文化素质。在新时代背景下，我们继续弘扬传统文化，用优秀的传统文化唤起海外广大同胞的爱国心，争取他们从道义上、物质上支持国内的现代化建设，共同推动祖国的繁荣与发展。

总之，中国传统文化之所以能够在几千年的发展过程中保持连续性和整体性，不仅因为它具有顽强的生命力和适应能力，还因为它拥有强大的同化力、融合力以及凝聚力。这些特质使中国文化不仅能够在历史的长河中不断传承，还能在全球化时代继续发扬光大，为中华民族的伟大复兴提供坚实的文化支撑。

四、以人为本

中国传统文化的另一个特点，便是秉持着一种以人为本的哲学理念。这种理念将人置于宇宙万物的中心，强调人伦道德和尊君重民，将人的利益和尊严作为思考和行动的出发点和归宿。

这种人本主义或人文主义与西欧文艺复兴时期的人文主义有着显著的不同。在西方文化中，人文主义强调的是个体的自由和权利，个人的发展被视为最高目标。而中国传统文化中的人文主义，则更注重个人在群体中的角色和义务，强调的是个人对家庭、社会和国家的责任。在这里，个人的道德修养被视为实现社会和谐与秩序的关键。

尊君重民是中国传统文化的另一大特色。在这一文化中，虽然君主专制被强调，但同时也存在着"民为邦本"的思想。古代的政治家和思想家们，如孟子提出的"民为贵，社稷次之，君为轻"的观点，表明了民众在国家政治中的重要地位。

中国传统文化中的人本主义，与社会主义时代的人民当家作主制度也存在本质的区别。社会主义人本主义在继承了中国传统文化中人本主义的积极因素，如重视人的作用、道德伦理和人际关系的和谐的同时，更加注重个人的权利和自由，以及个人的全面发展。

这种以人为本的理念，在中国传统文化中有着丰富的表现。例如，儒家文化中的"仁爱"思想，强调君子的道德修养和对人的关爱；道家文化中的"顺应自然"，体现了对人的自然本性的尊重；法家文化中的"法治"，则是在保障社会秩序的同时，考虑到人的行为规范。这些文化元素共同构成了中国传统文化以人为本的丰富内涵。

中国传统文化中以人为本的哲学理念，强调的是个人在道德伦理和社会关系中的责任与义务，而非单纯追求个人的自由发展。在新时代的背景下，这种理念被社会主义人本主义所继承和发扬，形成了一种既重视个人权利，又强调集体主义和国家民族利益的新型人本主义。这种理念不仅是中国传统文化的精髓，也是现代社会发展的宝贵财富，为构建和谐社会提供了重要的思想资源。

五、崇尚统一

从夏、商、周到秦、汉，乃至现代，统一始终是历史发展的主流，崇尚统一是中国传统文化的又一个特征。

在古代，尽管夏、商、周的政治体制中存在着分封诸侯的分权制，但"天下共主"的概念已经深入人心。即使是在东周后期诸侯割据的时期，政治家和思想家们依然向往着国家统一、法度统一的理想社会。这种对统一的追求，不仅体现在政治上的统一，更体现在文化、法律、经济等多方面的统一。

秦始皇统一六国，建立了中国历史上第一个多民族的封建专制主义国家，实现了地域、文字、度量衡、交通、法律等多方面的统一。这些措施不仅巩固了国家统一，也为后来的汉朝继承了这一统一大业奠定了基础。汉武帝时期，通过实行郡县制、三公九卿制等政治制度，进一步巩固和发展了秦皇开创的统一大业。

从秦汉时期至今，中国历史上统一的时间占据了三分之二以上，分裂的时间不到三分之一。这一历史事实充分说明，统一是中华民族历史发展的主流，而分裂只是暂时的插曲。在统一时期，政治家、思想家和广大人民普遍认同并维护国家统一；在分裂时期，人民仍然怀着对统一的渴望，进步的政治家、军事家、思想家们也为实现国家统一而不懈奋斗。

例如，三国时期的曹操、刘备、孙权，虽然各自割据一方，但他们都认为自己代表正统，都希望完成统一中国的大业。南北朝时期，无论是南朝还是北朝的统治者，都怀有统一中国的愿望。南宋时期，人们常以恢复中原为念。元朝的忽必烈以"统一四海"为己任，建立了第一个由少数民族统一中国的封建王朝，并在全国范围内实行行省制度。

这种崇尚统一的传统，不仅体现在对国家政治统一的追求上，还体现在对多民族文化的包容和融合上。在中国历史上，无论是汉族还是少数民族，都在统一的国家框架下共同发展，形成了多元一体的文化格局。这种文化格局促进了各民族间的相互理解和尊重，也为国家的长期稳定和发展提供了坚实的基础。中国传统文化中的崇尚统一是中华民族历史发展的核心动力。它不仅反映了政治家、思想家和广大人民对国家统一的普遍追求，也体现了中华民族在面对分裂和挑战时，始终坚持统一、维护国家整体利益的坚定信念。

六、实事求是

中国传统文化中强调的实用理性或实践理性，是一种以解决实际问题为导向的思维方式。这种思维方式强调务实、实用，注重实际效果，反对空谈和幻想。它体现在对解决社会、人生实际问题的研究上，以及对宇宙和自然的研究上。古代学者关注政治、伦理等与国家民生相关的问题，只有少数人研究抽象的思辨。这种实用理性的思维方式，使得中国古代传统文化具有很强的实用性和实践性。

在古代中国，实用理性的思维方式体现在对政治、伦理等实际问题的研究上。孔子、孟子、荀子等思想家，他们的思想虽然有所差异，但都强调实用理性。孔子提出"仁爱""中庸"等思想，主张以道德来治理国家，强调实际效果。孟子则强调"知者无不知，当务之为急。"①的思想，主张知识的获取和应用应当紧密结合，以应对当前最紧迫的任务和需求。荀子则强调"万物之怪，《书》不说。无用之辩，不争之察，弃而不治"②，主张以实际效果来治理国家，强调实际效果。他们的思想，对中国传统文化中实用理性主义的形成起到了重要作用。

老子、庄子虽研究抽象理论，但他们的思想也具有实用价值。老子的治国理念和庄子的处世之道，都是基于对实际问题的思考而提出的。老子的"以正治国，以奇用兵，以无事取天下"③思想，强调强调了治理国家需要光明磊落、守正守常，而用兵则需要运用智慧和谋略，出奇制胜，以实际效果来衡量政治行为。庄子的"法自然"思想，主张顺应自然，不为名利所累，以实际效果来衡量价值。他们的思想，对中国传统文化中实用理性的形成也起到了重要作用。

除了对政治、伦理等实际问题的研究，古代中国学者也关注宇宙和自然的研究。他们觉得，了解宇宙和自然的规律，可以帮助人类更好地适应自然，利用自然为人类服务。古代学者研究宇宙和自然，他们称之为"天"。只有少数人研究天道运行的规律，多数学者主要研究天人之间的关系，研究人们如何适应"天"，如何利用"天"为人类服务。这种研究，体现了古代中国学者对实

---

① （战国）孟子. 孟子［M］. 哈尔滨：北方文艺出版社，2019.

② （战国）荀子著；孙安邦，马银华译注. 荀子［M］. 太原：山西古籍出版社，2003.

③ （春秋）老子著；陈徽译注. 道德经［M］. 上海：上海古籍出版社，2023.

用理性的追求。

通过对上述各家学派观点的讨论，我们不难发现中国古代各派学者都是倾向于应用和实用的，因而形成了实事求是的思想方法和经世致用的治学传统。

"实事求是"强调了对客观事实的尊重和对实际事物的深入研究，其中，"实事"代表着客观存在的事物，是我们必须面对的真实情况；"是"则是指在这些事物中蕴含的规律和真理；"求"则是强调通过调查研究，探寻这些规律，以便为实践提供指导。

与此同时，在治学过程中，中国古代学者则十分注重经世致用，即做学问要有利于国计民生。在他们看来，修史、写文章、作诗、绘画、音乐等，都是为了实际应用，这种经世致用的治学传统，使得中国古代的文化、艺术等领域的成就，具有很强的实用性和实践性。例如，《资治通鉴》等史学巨著，不但记录了历史，也提供了鉴戒垂训，为后人提供了宝贵的历史经验。

然而，这种实用理性也具有两重性。它既阻止了思辨理性的发展，也排除了反理性主义的泛滥，可以说正是这种实用理性淡化了中国人的封建思想，使得无神论思想源远流长，但它对自然科学、哲学、逻辑学等思辨学问的研究无疑又起到了阻碍作用。总之，这种实用理性与中国在科学、文化、观念形态、行为模式方面的优缺点密切相关。

第三节　中国传统文化的精神

中国传统文化，历经数千年的历史，其深厚的历史底蕴和丰富的内涵使之成为世界文化宝库中的瑰宝。文化的精神就是思想，是文化发展的产物，随着文化的不断演进而不断丰富和发展。文化的精神，是对文化发展过程中精微内在动力的提炼，是指导民族文化不断前进的基本思想。它体现了文化的发展方向，是文化发展的灵魂。

在中国传统文化中，这种基本精神体现在儒家、道家、法家等多种思想流派中。儒家强调"仁爱""中庸"，道家追求"无为而治"，法家强调"法治"，这些思想流派都体现了中国文化的精神。这些思想流派相互影响、相互补充，共同构成了中国传统文化的精神内涵。这种文化精神，不仅对中华民族的历史发展产生了深远的影响，也对世界文化的发展产生了重要的影响。中国传统文化的精神，如"和为贵""天人合一""知行合一"等，都具有普遍的价值，可以为全人类所借鉴和传承。

传统文化博大精深、包含诸多元素，其基本思想主要包括以下几个方面。

一、贵和尚中的兼容精神

古人所提倡的"和"的观念与"中庸之道"，历经千年，已经渗透于我们的行为方式之中，其深远的影响力不容小觑。这两种思想，一则强调和谐，一则追求中正，共同构成了中国传统文化的核心，对中国社会的发展和中国人心理特征的形成产生了深远的影响。

"和"，最早见于甲骨文，原意指声音的和谐。随着时间的推移，这一概念逐渐扩展到人与人、人与自然、人与社会的关系中，成了一种追求和谐共生的哲学思想。在封建社会中，"和"的观念被广泛推崇，它强调天人和谐、人际和睦，倡导人们在相处中寻求平衡与和谐。这种思想深入人心，使得中国人形成了宽容大度、谦逊礼让的心理特征。

"中庸之道"，则是儒家思想的精髓，孔子将之视为最高的道德准则。中庸之道主张在事物的两端之间寻找平衡点，不偏不倚，不走极端。这种处事原则在封建社会中得到了广泛应用，不仅体现在个人修养上，也体现在国家治理、社会秩序的维护上。中庸之道教会了中国人如何在复杂多变的社会环境中保持冷静和理智，如何在矛盾冲突中寻求和解与平衡。

"和"的观念与"中庸之道"的积极的一面体现在，这种思想促进了社会的稳定与和谐。在中国古代，无论是家庭关系、社会交往，还是国家治理，都强调"和为贵"，注重"允执厥中"。在这种思想指导下，人们学会了相互尊重、包容和理解，减少了冲突和矛盾，有利于社会的长期稳定。同时，这种思想也促进了文化的繁荣。在"和"与"中庸"的理念下，中国古代文化呈现出多元并存、兼容并包的特点，为后世留下了丰富的文化遗产。然而，任何事物都有其两面性，其消极的一面在于，过分强调和谐可能导致竞争意识的缺乏。在追求和谐的过程中，人们可能过于注重妥协与调和，忽视了竞争与进取的重要性。这在一定程度上限制了个体的发展和社会的进步。此外，过分追求中庸之道，可能导致人们在面对问题时缺乏果断和决断。在封建社会中，这种思想可能限制了社会的变革和进步。

尽管如此，古人所提倡的"和"的观念与"中庸之道"仍然具有其独特的价值。在现代社会，可以从中汲取智慧，将其与现代价值观相结合，以实现个人与社会的和谐发展。例如，在处理人际关系时，可以借鉴"和"的观念，寻求与他人的和谐相处；在决策时，可以运用中庸之道的原则，避免走极端，寻求合理的解决方案。

二、求实务实精神

中华民族自古以来便强调实干精神，这种精神深深植根于传统文化的土壤之中，成为民族性格的重要组成部分。求实务实的精神无处不在，从古代先哲们的智慧结晶，到普通百姓的日常行为，都体现了这一精神的核心价值。

古代先哲们对于实干的推崇，体现在他们的认知观念中。孔子在《论语》中提出的"学而时习之"和"知之为知之，不知为不知"，强调了学习和认知的实践性和真实性，反对虚有其表的空谈。荀子则进一步提出，人的才干与能力是后天学习的结果，这无疑是对实干精神的肯定。唯物主义思想家王充更是极力反对有神论，提倡人的主观能动精神，强调实践的重要性。老子在《道德经》中强调的"知人者智，自知者明"也体现了对实干的重视，而韩非子注重功利，主张实用的政治手段，这些都是对实干精神的深刻诠释。在人伦秩序方面，中国古代社会为了加强封建统治，重视人与人之间的实际关系和责任，这种重视实际的态度促使人们更加关注现实生活，追求实际问题的解决。这种务实的态度，不仅体现在个人修养上，也体现在家庭、社会乃至国家的治理中。中国文学作品中的现实主义写作风格，是求实务实精神的又一体现。古代文学作品多从现实生活着眼，描写社会现象，反映人民生活，这种深刻的现实关注，正是实干精神的文学表达。同时，不少仁人志士在面对权贵时，不畏强权，坚持真理，甚至为了求真求实不惜牺牲生命，这种精神在中国历史的长河中熠熠生辉。

这种求实务实的精神，对中国人的民族心理产生了深刻影响。它塑造了中国人朴实无华、踏实稳重的性格特征，使人们在面对困难和挑战时，能够保持冷静和理性、坚持实事求是的原则。这种性格特征，为中国社会的发展和国力的强盛提供了坚实的心理基础。

中国人的实干精神推动了中国社会经济、政治、文化等各方面的发展。从农业生产的精耕细作，到工业建设的脚踏实地，从科学研究的严谨态度，到文化教育的实用导向，无不体现了实干精神的力量。正是这种精神，使中国不断进步，为中国国力的强盛发挥了重要作用。

三、刚健有为的进取精神

刚健有为，作为传统文化的核心精神，深深植根于中华民族的血脉之中，成为民族性格的鲜明标志。

自强不息，是刚健有为精神的首要体现。《易经》中的"天行健，君子以自强不息；地势坤，君子以厚德载物"[1]成为中华民族追求卓越、不断进取的座右铭。这种精神不仅是中华民族刚强威武的独立人格的展现，更是一种对外抗压、对内自制的强大能力。无数中国人以此自勉，无论是在和平时期的奋发图强，还是在战乱岁月的百折不挠，都彰显了自强不息的精神力量。这种力量激励着中国人民在困难面前不退缩，在挑战面前不畏惧，创造了一个又一个辉煌的成就，书写了中华民族的辉煌历史。

厚德载物，则是刚健有为精神的另一面。它要求人们像大地一样，以宽广的胸怀包容万物，以深厚的德行承载社会责任。在中国文化制度和传统中，这种精神得到了充分的体现。在人与自然的关系上，古人强调和谐共生，保护生态环境；在对待外来文化上，则以开放的心态吸收借鉴，实现了文化的多元共生。这种包罗万象的气度和魄力，不仅促进了民族文化的繁荣，也增强了国人的民族自信心和凝聚力。

刚健有为的精神，在中国历史的每一个时期都有着生动的体现。在和平年代，它促使中国人致力于文化的创造和积累，为后世留下了丰富的文化遗产；在战乱时期，它激励着中国人民团结一心、共克时艰，维护民族利益，取得了一次又一次的胜利。在这一过程中，中华民族逐渐形成了自尊自信、自强团结的民族精神，这种精神成为民族向心力的重要来源。

在世界舞台上，刚健有为的精神更是中华民族自信与坚韧的展现。面对国际风云变幻，中国人民始终保持着奋发向前的姿态，不断追求自我超越，积极参与国际事务，为世界和平与发展作出了重要贡献。这种精神使中国在世界的

---

① 于海英译注. 易经［M］. 北京：华龄出版社，2017.

东方傲然屹立，成为全球瞩目的焦点。

四、治国平天下的爱国精神

中国传统文化博大精深，其中最具代表性的就是孔孟思想，这种思想将国家民族的前途和命运置于至高无上的位置，经过数千年的传承与发展，已深深融入中华民族的血脉，成为民族精神的核心所在。

孔孟思想强调"治国平天下"是人生的最高目标，倡导大一统的理想社会状态，这种对国家民族的深切关怀和责任担当，激励着一代又一代中国人为了国家的统一和领土完整不懈奋斗。从文天祥的"留取丹心照汗青"，到顾炎武的"天下兴亡，匹夫有责"，再到林则徐的虎门销烟，无数仁人志士以自己的实际行动，诠释了爱国精神的深刻内涵。

在当代，随着经济全球化的深入发展，弘扬爱国主义精神对于德育教育显得尤为重要。通过深入挖掘和传承中国传统文化中的爱国主义资源，有助于培养爱国情怀，增强历史使命感。

五、追求崇高的人格精神

中国传统文化源远流长，其中孔孟思想占据了主流地位，其核心在于强调追求崇高的人格精神，尊重每一个个体的尊严和价值。这种思想理念，历经千年沉淀，对中华民族品格的塑造产生了深远的影响，并在今天的学生教育中，尤其是人格完善方面，发挥着不可或缺的指导作用。

孔子提出的"三军可夺帅也，匹夫不可夺志也"[①]，深刻地表达了个体意志的不可侵犯性，强调了人格独立与尊严的重要性。孔子主张，人应追求"圣贤"与"君子"的理想人格，这要求君子必须严于律己，宽以待人，追求正义，讲究道义，这些品质构成了儒家理想人格的基本框架。

孟子进一步发展了孔子的思想，提倡"富贵不能淫，贫贱不能移，威武不能屈"[②]的大丈夫人格，强调了在道德上要有"至刚至大"的浩然之气。这种对刚正不阿人格的追求，成为后世中国人品格塑造的重要参照。

---

① 刘兆伟译注. 论语 [M]. 北京：人民教育出版社，2015.

②（战国）孟子. 孟子 [M]. 哈尔滨：北方文艺出版社，2019.

这些经典的思想，不仅为中华民族品格的塑造提供了丰富的精神资源，而且在当代教育中，尤其对大学生人格完善具有重要的指导意义。在现代社会，追求崇高的人格精神，不仅有助于学生树立正确的价值观，还能够通过榜样的力量，引导他们在面对诱惑和挑战时，保持坚定的信念，不卑不亢，勇往直前。

六、以义为上、注重伦理的道德主义情怀

义利合一的价值思想是中国传统文化中基本的价值思想，主张在追求物质利益的过程中，始终遵循仁义道德的原则，这一思想深刻影响了中华民族的行为方式和价值取向。

义利合一的思想，早在古代儒家经典中就有"义利之辨"的讨论。这里的"义"，指的是仁义道德，是人们行为处世的道德准则；而"利"则代表社会生活中的物质利益。孔子提出的"见利思义"，强调在追求利益时，首先要考虑是否符合道义，即个人行为是否合乎仁义的标准。孔子本人也身体力行，认为"不义而富且贵，于我如浮云"[1]，表明了他对物质利益的淡泊态度和对道德价值的坚守。

这种价值观在个人与社会利益的冲突中，要求人们顾全大局，牺牲小我，成就大我。它不仅提倡在追求物质利益时要遵守社会道义和规范，而且强调将这些财富回馈社会，实现个人与社会的和谐共生。这种思想对于抵制利己主义、提升全民道德水平起到了重要作用，为社会的稳定和发展提供了道德支撑。

然而，义利合一的思想也存在一定的局限性。在传统社会中，这种思想有时被解读为对人性欲望的压抑，对个人物质追求的否定。这种重义轻利的倾向，虽然在某种程度上维持了社会的稳定和延续了传统文化，但也可能导致对个人正当利益的忽视，甚至扭曲人性。

中国传统文化是典型的伦理型文化，其特点在于重视伦理道德，强调个人对家庭、社会和国家的责任和义务。孟子曰："天下之本在国，国之本在家。"[2]这句话概括了中国传统社会的实质，即家国同构，家庭伦理与国家政治相互渗透。这种文化特色在维系社会秩序、促进人际和谐方面发挥了积极作用，但也带来

---

① 刘兆伟译注. 论语［M］. 北京：人民教育出版社，2015.

② （战国）孟子. 孟子［M］. 哈尔滨：北方文艺出版社，2019.

了对权威的过分强调和对服从关系的过度重视。

在这种文化背景下，中国传统文化重伦理、倡道德的特色具有二重性。一方面，它有利于形成稳定和谐的家庭和社会环境，有利于建立人与人之间和谐融洽的人际关系。另一方面，它建立在以家庭为基础的自然经济和宗法制度之上，因此特别强调家长的权威，以及子女对父母、妻子对丈夫、家庭成员对家长的绝对服从，这在一定程度上限制了个人自由和个性的发展。把这种家长制扩大到社会生活中，就是君主专制，君主具有绝对权威。因而，中国的传统文化在一定程度上束缚了民主思想的发展。同时，由于以家庭和社会为单位，个人的权利容易被忽视，容易压抑个人的自我意识，不利于个人自主性、独立性和创造性的发挥。

中国传统文化源远流长，博大精深，其内涵的基本精神，滋养了数千年中华儿女的精神世界，塑造了伟岸的人格，凝聚了民族人心，巩固了国家统一，维护了社会秩序，书写了泱泱中华"郁郁乎文哉"的大国气象，在文化全球化和呼吁传统文化为现代化持续发展服务的今天，越来越有着世界性的价值和意义，是值得我们好好珍惜和继承弘扬的。

第四节　中国传统文化与教育的关系

一、教育的概念

教育作为一种文化现象，是人类社会的重要实践活动，它不仅承担着传承文明、传播文化的职能，而且对社会延续和发展起着巨大的推动作用。因此，教育在整个文化中具有十分重要、十分特殊的地位。

首先，教育是文化传承的重要手段。在人类社会的发展过程中，文化不断地积累和沉淀，形成了丰富的文化遗产。这些文化遗产包括语言、文字、艺术、宗教、道德规范等，它们是人类智慧的结晶，是社会发展的宝贵财富。教育通过教学、培训、研究等方式，将这些文化遗产传递给后代，使文化得以延续和发展。

其次，教育是文化传播的重要途径。教育不仅是知识的传递，更是文化的传播。在教育过程中，教师通过教学内容、教学方法和教学环境，将文化价值观念、道德规范、社会习俗等，传递给学生，使学生能够理解和接受这些文化元素，并在日常生活中加以实践。

此外，教育对社会的发展起着重要的推动作用。教育能够提高人们的知识水平和综合素质，培养人们的创新能力和实践能力，使社会能够不断地进步和发展。同时，教育还能够培养人们的道德观念和社会责任感，促进社会的和谐稳定。

（一）中国传统教育

"传统教育"这个概念也可以作两方面的理解，或称之为广义、狭义的理解。狭义的"传统教育"是一种特定的历史概念，《辞海》是这样解释的：传统教育是"现代教育""进步教育""新教育"的对称，特指欧美等国家主要以赫尔巴特等的教育理论为依据所形成的课堂教学制度、教学理论和方法，特别是按照逻辑顺序组织教材，分科教学，系统传授各种基本文化知识，注重强制性的纪律和教师的权威作用。杜威于 20 世纪初在其著作中称它为"传统教育"，而把自己所主张的实用主义教育称为"现代教育""进步教育"。因此，作为历史的特定概念，所谓传统教育，应专指历史上某些教育家的教育思想和教育制度。

广义的"传统教育"是一个涵盖历史上长期传承的教育模式和实践的概念。它相对于现代和近代的教育体系而言，展现出一种相对性，反映了社会和文化变迁中教育角色的演变。这种广泛的定义允许我们在不同时期和背景下，理解和比较各种教育方式和实践的差异与共通之处。

中国传统教育一方面受中国传统文化的深刻影响，同时又筛选、传递和保存着中国传统文化，与传统文化形成一种既相互适应又相互依存的关系。因而在这一特殊的重要的文化宝库中，亦不乏优秀的遗产和精华，其主要有：重视道德教育，追求人的全面和谐的发展；重视系统知识的传授；发挥教师的主导作用；提倡多元并存、兼容并包的办学思想等。这些对我们今天的教育，仍有重要的借鉴价值。

（二）当代素质教育

我国目前提倡的教育是素质教育。素质教育旨在提升受教育者的多方面能力和素质，包括思想道德、能力培养等。要想深入理解素质教育，先要了解什么是素质。

1. 素质的内涵与特征

（1）素质的内涵

素质包括某种性质或品质，人的素质具有心理学方面的含义。广义上的素质概念不仅指个人，还指广泛的群体，比如职工素质、企业素质等。狭义的素质专指个体经过学习获得的心理品质。素质经过后天的学习而发展。

知识进行一定的内化和升华形成素质，知识只是素质形成和提高过程中一个发挥基础作用的元素，有足够的知识不一定具备较高的素质。素质属于一种比较稳定的品质，需要知识的积累和沉淀来获得，当知识积累到一定程度时，就会通过外在的形式表现出来。素质对一个人的影响深远，直接或间接地影响一个人对外界人和事的观点和态度。

素质不是持久不变的，随着外界环境的改变，素质会相应发生调整。可以说，素质具有稳定性和可变性。我们通过学习和深造能够提高素质，但不好的环境也会影响素质。从高等教育领域来看，素质由四个部分组成：文化素质、业务素质、身心素质、思想道德素质。

当前我国素质教育中的"素质"内涵为：对人们进行影响和教育，进而让人们在学历、品质、能力方面具备优良特征。学生的潜力是无限的，这些特征会在他们今后的工作、活动、生活中体现出来。基础知识和技能的学习让学生具备学识特征；道德品位属于品质特征；通过学习获得发现问题、分析问题和解决问题的能力属于另一种特征——能力特征。

素质本质上是一种结构系统和品质，其中，对外界事物的认知、相关生活经验的形成、个人的兴趣爱好等都属于素质的一部分。

心理品质内容丰富，既有情感、兴趣方面的，又有智力、认知方面的，既有专业知识方面的，又有思想道德方面的。三观是否深刻和正确、道德底线是否坚定等都是心理品质的一部分。

（2）素质的主要特征

① 遗传性与习得性

从素质的来源看，它既有遗传性，又有习得性。素质的遗传性体现在个体的生理结构、基因表达和先天倾向上。这些特征如身体素质、智力潜能等，部分源自祖先的遗传信息，是个体生命的起点。素质的习得性则是个体在成长发展过程中通过学习、教育、社会互动以及个人经历逐步获得的特质。应当说，素质习得的品质部分具有习得性。因此，从整体来看，素质是遗传性与习得性的统一。遗传性是基础，习得性是发展。只有以遗传性素质为基础，才能形成习得性素质，即只有二者的统一，才能形成完整的素质。

② 自然性与社会性

自然性与先天性相联系。正因为人的素质的一部分来自遗传，所以它具有自然性的特点，即这些特点反映了生物因素的内容，打上了自然影响的烙印。社会性与后天性相联系。正因为人的素质的一部分来自学习，所以它具有社会性的特点，即这些特点反映了文化因素的内容，打上了社会影响的烙印。因此，从整体来说，素质乃是自然性与社会性的统一。自然性与社会性的关系同遗传性与习得性的统一关系基本上是一致的。

③ 内潜性与外显性

内潜性指的是素质以潜能的形式潜藏在主体内部，尚未表现出来，等待开发。这种潜能是人的心理、养成素质形成与发展的可能性。而外显性则指的是素质在人的活动中与行为上表现出来，他人通过观察可以了解某个人的素质水平的高低与优劣。

素质的内潜性与外显性的统一，即可能性与现实性的统一，是形成完全意义素质的关键。一个人的素质状况，往往可以通过他的为人处世、待人接物等方面表现出来。这表明素质并非虚无缥缈，而是可以通过人的行为和活动得到体现和证明的。

因此，我们应该重视素质的内潜性和现实性的统一，通过教育、培训、实践等方式，激发和培养人的潜能，使素质得以充分发展。同时，我们也应该关注素质的外显性，通过观察和评价一个人的行为和活动，了解他的素质水平，从而更好地发挥和提升素质的作用。

④ 稳固性与可塑性

稳固性指的是素质无论是先天具有的自然特点，还是后天习得的社会品质，都是不易变化的，并在人的一生中产生长期的稳定效应。这种稳固性是素质的基础，为个体的发展提供了稳定的心理和行为特征。可塑性又称发展性，指的是素质在形成后，虽然具有一定的稳固性，但它并非一成不变，而是在一定的条件下，也可以发生某种程度的改变。明清之际著名思想家王夫之关于人性发展所说"未成可成，已成可革"，也完全适用于素质。这意味着素质具有动态发展的特点，个体可以通过教育、培训、实践等方式，不断优化和提升自己的素质水平。

稳固性和可塑性的统一，是素质发展的关键。稳固性为素质的发展提供了基础，而可塑性则是对稳固素质的改变与提高。在这个过程中，个体可以通过不断的学习和实践，将稳固的素质转化为更加优秀的品质。

⑤ 整体性与个别性

素质的整体性体现在各种素质密切联系、相互渗透，形成一个有机的整体。这种整体性使素质在个体身上产生了整体效应，形成了独特的个性和特质。整体性要求我们在看待素质时，不能孤立地看待某一种素质，而应该将其与其他素质联系起来，全面地认识和评价个体素质。素质的个别性具有两层含义，首先，素质的个别性体现在各种素质虽紧密相连、相互依存，但各自保持着相对的独立性；其次，素质的个别性还体现在它们各自独特的功能上，每一种素质都有其特定的作用领域和表现形式，它们在不同情境下展现出不同的价值和魅力。这两个含义实质上是一回事，即各种素质是相对独立的，所以它们才会各有各的功能。因此，从整体来说，素质乃是整体性与个别性的统一。对此，我们应当综合地看待素质，一方面，要重视素质的整体性，通过系统的教育和训练提升个体的综合素质；另一方面，也要尊重素质的个别性，鼓励和支持个体根据自身特点和需求选择性地培养和发挥特定的素质，只有这样，我们才能在复杂多变的社会环境中游刃有余地应对各种挑战和机遇，才能将素质的价值最大化。

⑥ 群体性与个体性

群体性是指群体成员在某些素质方面具有共同的特点和表现，这种群体性使群体能够形成一种相对稳定的群体特征。这种群体性可能是由群体的文化背景、教育水平、职业特点等因素决定的。群体性的存在使群体成员之间能够相互理解和沟通，形成一种凝聚力，从而在共同的目标和利益上达成共识。个体性则是指每个人在素质方面具有独特的特点和差异。因此，素质的个体性又可叫作差别性。例如，张三的素质不同于李四的素质，李四的素质也不同于王五的素质；又如，政治素质、思想素质、文化素质、科学素质等，在某种意义上也可以说是个体素质或素质的个体性。因此，从整体来说，素质乃是群体性与个体性的统一。而这个统一，实质上就是共同性与差别性的统一。

2. 素质教育的概念

（1）素质教育的内涵

素质教育作为一种教育理念和教育实践，其核心在于全面提高全体学生的基本素质，培养学生的创新精神和实践能力，使他们能够适应社会的发展和进步。这种教育理念关注学生的全面发展，包括道德品质、智力能力、身体素质和审美修养等方面。

首先，素质教育强调面向全体学生，意味着教育应该关注每一个学生的成长和发展，而不仅是少数学生的表现。这种面向全体学生的教育理念，有助于缩小学生之间的差距，促进教育的公平和公正。其次，素质教育注重德、智、体、美全面发展。道德品质是人的基础素质，智力能力是人的核心素质，身体素质是人的健康基础，审美修养是人的精神追求。全面发展意味着教育应该关注学生的各个方面，使他们在道德、智力、身体和审美等方面都能够得到良好的发展。最后，素质教育强调让学生主动发展。这意味着教育应该激发学生的内在动力，使他们在学习过程中能够主动参与、主动思考、主动探索。这种主动发展的教育理念，有助于培养学生的创新精神和实践能力，使他们能够更好地适应社会的发展和进步。

（2）素质教育的重点

教育是人类生存本能的延伸。在国际上，有一种观点，即教育就是学会生存。在这个充满竞争的世界里，在这个"信息爆炸"的时代里，每个人都要从人类未来社会的生存与发展着眼调控自己的行为，着力开发智力，培养人格，即不仅要关心自己和家庭，还要关心国家、民族，关心他人，关心人类道德，关心地球和宇宙真理，以公平为基本价值取向，崇尚提高人的素质，培养学生发现问题、研究问题、解决问题的能力，已成为世界教育改革的主流。21 世纪的教育将是从学会生存到学会关心再到学会创造，既为物质文明建设服务，同时也为精神文明建设服务。

① 重视教育对象主体能动性的发挥

实施素质教育意味着充分激发学生的主观能动性，为他们未来步入社会生活提供多样化的发展准备。这需要设计多样化的教育方案，以唤起他们的自主意识。通过参与创造性活动，学生能够不断探索未来的可能性，塑造自我。

②重视非智能因素的培养

非智能因素，即与心智（认识）过程直接相关的情感过程和意志过程，在人的成熟与发展过程中，除了智能因素外，非智能因素也起着至关重要的作用。这些非智能因素包括情感、意志、道德品质等，它们共同影响着人的智力发展。

非智能因素是智力发展的可靠保证。一个成熟的人，不仅需要有丰富的知识和技能，还需要有稳定的情感、坚强的意志和良好的道德品质；非智能因素的差异会导致个体智力发展的不均衡。

素质教育要关注学生的情感、意志、道德品质等方面的发展，使他们能够在德、智、体、美等方面得到全面的提高。例如，在文学艺术教育中，要关注学生的情感因素，培养他们的审美情趣和人文素养；在科学研究中，要培养学生的创新精神，激发他们的探索欲望；在道德伦理教育中，要培养学生的理想情操，使他们具备正确的价值观和道德观念。

③重视学生创造思维能力的培养

素质教育培养学生的创造能力，这种能力并非简单的技能，而是一种深植于内心的创新意识和需求。它涵盖了创造性思维和想象的培养，是学生在面对未知问题时能够提出新颖解决方案的关键。素质教育注重将外在的教育因素内化为学生自觉的思维活动，从而激发他们勇于创新的内在动力。

在培养创造能力的过程中，素质教育首先关注的是学生的基本能力建设，这包括观察和发现问题的能力、自学能力、想象能力以及实践能力。这些基本能力是创新能力的基石，为学生提供了探索和创造的基础。此外，素质教育在教学方法上也有其独到之处。现代高等教育中，归纳法的运用尤其受到重视，因为它能够有效培养学生的创新能力。通过提供材料或现象，让学生自主思考、寻找联系并得出结论，这种方法锻炼了学生的观察能力和组织能力，同时也激发了他们的创新兴趣和动力。

④重视学生健康人格的培养

人们常说："不会做人，何以做事？"大学教育首先应该教给学生学习如何做人，如何做一个有理想、有道德、有社会良知和社会责任感的人。在学生群体中，确实存在着"不会做人"和"太会做人"的现象，对这两种现象人们都不满意，对前者人们认为太愚、太傻、太呆，对后者则认为太油、太滑。怎样使这两部分人在做人方面实现有机的结合,这就需要我们去言传身教做人的准则、做人的标准、做人的道德规范,进而把教育学生如何做人的过程变成实施健康人格教育的过程。学生通过健康人格教育不但懂得了怎样做人的道理,而且学会了如何做人的技能,使他们形成较高的人格魅力,为自己的健康成长奠定良好的基础。

3. 素质教育的主要特征

(1)基础性与成功性

素质教育的基础性特征在于培养学生适应未来社会广泛职业需要的基本素养、能力、知识和技能。这种教育理念关注学生的全面发展,包括道德品质、智力能力、身体素质和审美修养等方面。

首先,素质教育强调培养学生适应未来社会广泛职业需要的基本素养、能力、知识和技能。这意味着教育应该关注学生的各个方面,使他们在道德、智力、身体和审美等方面都能够得到良好的发展。这种全面发展的教育理念有助于学生更好地适应社会的发展和进步,为他们未来的职业发展奠定坚实的基础。

其次,素质教育强调教育的创新性。在传统的教育方式和方法中,往往过于注重灌输式教育,忽视了学生的创造思维开发。素质教育则强调教育的创新性,鼓励学生主动探索、思考和创新。这种教育理念有助于培养学生的创新精神和实践能力,使他们能够更好地适应社会的发展和进步。

在实施素质教育的过程中,教育者应该关注学生的个性差异和兴趣特长,创设有利于学生创新思维发展的环境。通过开展丰富多彩的活动和项目,激发学生的创造欲望和意识,鼓励他们勇于尝试、勇于创新。同时,教育者还应该关注学生的情感和意志,培养他们的自信心和毅力,使他们能够在面对困难和挑战时保持积极的态度和坚定的信念。

此外,素质教育还强调培养学生完整的丰富、独立健康的人格、精神风貌及精神力量。这种教育理念有助于学生形成正确的价值观和道德观念,培养他们的社会责任感和公民意识。通过素质教育,学生能够更好地理解社会、适应社会,为社会的和谐稳定和发展作出贡献。

素质教育的最终目的是促进个体与社会的共同发展。通过培养学生的基本素养、能力、知识和技能,以及创新精神和实践能力,素质教育有助于学生更好地适应社会的发展和进步。同时,素质教育也能够培养学生的社会责任感和公民意识，使他们能够积极参与社会事务，为社会的发展作出贡献。

（2）全体性和全面性

素质教育的全体性意味着教育应该面向每一个人，不论其背景、能力和条件如何，都应当有机会接受教育，并且教育应该关注每一个人的成长和发展。全面性则是指教育应该促进学生在德、智、体、美、劳等方面的全面发展，使他们在各个方面都能够得到良好的培养和发展。

素质教育的全体性和全面性，对于培养适应社会发展的优秀人才，具有重要的意义和价值。通过面向全体，尊重个体差异，促进德、智、体、美、劳全面发展，教育能够更好地满足社会对人才的需求，促进社会的和谐稳定和发展。

（3）发展性和个性化

素质教育的发展性特征，即促进学生个性发展，尊重个体差异，使每个人在原有基础上得到发展与完善，是教育的重要目标和使命。这种教育理念认为，每个学生都是独一无二的，具有自己的兴趣、爱好、特长和个性。素质教育强调学生的个性发展。教育者应该关注学生的个性差异，为他们提供适合他们发展的教育环境和机会。通过开展丰富多彩的活动和项目，激发学生的创造欲望和意识，鼓励他们勇于尝试、勇于创新。同时，教育者还应该关注学生的情感和意志，培养他们的自信心和毅力，使他们能够在面对困难和挑战时保持积极的态度和坚定的信念。素质教育尊重个体差异。教育者应该认识到每一个学生都是独一无二的，他们有不同的兴趣、特长和需求。

（4）交互性与层次性

素质教育的交互性表现在素质间的相互影响和制约。各种素质之间相互促进、相互制约，形成了一种交互制约的关系。这种交互制约表现为两个方面：一是相互促进，即某一种素质教育的水平高，其他素质教育的水平也会跟着提高；二是相互促退，即某一种素质教育的水平低，也会降低其他素质教育的水平。这种交互制约关系要求我们在开展素质教育时，必须综合考虑。

素质教育的层次性不仅体现在人的三类基本素质（生理素质、心理素质、养成素质）的逐层构建与相互依存上，还体现在各类素质内部从低级到高级、从简单到复杂的演变过程。因此，在实施素质教育时，必须充分认识到这一层次性特征，以科学规划教育目标、精选教育内容、灵活采用教育方法，促进个体素质的全面发展与提升。

交互性是从事物的横向讲的，即素质间的相互影响和制约；层次性则是就事物的纵向说的，即素质发展的层次性。而事物的纵横交错，则决定了交互性与层次性的统一。

（5）内化性与外化性

素质教育的内化性是指素质从外部客体转化为内部主体。这包括生理素质、心理素质和养成素质等，都是通过后天的学习和实践逐步形成的。例如，学生通过学习科学知识，将之内化为自己的认知能力和思维方式；通过参与社会实践活动，将道德规范内化为自己的行为准则。内化性是素质教育的基础，是素质发展的前提。

素质教育的外化性是指素质在实践中转化为外部客体。学生通过素质教育的内化，形成了各种素质，如创新精神、实践能力、道德品质等，这些素质需要在实践中得到体现和应用。例如，学生在解决实际问题的过程中，运用自己的创新精神，提出解决问题的方法和途径；在团队合作中，展现自己的道德品质，为团队的成功贡献力量。外化性是素质教育的重要环节，是素质发展的关键。

素质教育的内化性与外化性相辅相成，共同推动素质不断发展和完善，可以说内化性是素质发展的基础，外化性是素质发展的关键，因此，在实施素质教育时，我们需要同时关注内化性和外化性，使学生在内化的过程中不断积累和提高素质，在外化的过程中充分展示和运用素质。

（6）理论性与实践性

素质教育作为一种先进的教育理念，它不仅吸收了我国古代教育理论的精华，如孔子的"因材施教"和"有教无类"，还融合了西方教育的先进理念，如个性化教育和终身教育。这种教育思想深刻反映了人类长期积累的教育经验和智慧。素质教育的理论性体现在它对教育本质的深刻洞察和对教育目标的系统阐述，而其实践性则体现在它紧密结合教育实际，指导着教育改革的具体实践。素质教育的推行并非一蹴而就，它需要教育工作者和有识之士的不断探索和丰富，通过实际的教育教学活动来验证和完善其理论。只有将素质教育理念付诸实践，不断调整和完善，才能真正实现教育的全面发展，使之成为推动我国 21 世纪教育改革与发展的核心动力。实践不仅是检验真理的唯一标准，也是素质教育理论得以生根发芽、结果的土壤。

（7）民族性和时代性

不同的民族、不同的时代对素质教育的要求不尽相同，所以素质教育又带有一定的民族性特征和时代性特征。一个民族在与社会的相互作用中，表现出两种目的性；一是生存的目的，二是发展的目的。这就要求一个民族具有在特定的环境中生存和发展所必备的素质。素质教育的任务就是要扬民族素质之长，弃民族素质之短，最终提高整个民族的素质，这就是素质教育的民族性。由于社会的不断发展、进步，新时代要求人的素质，尤其是民族素质不断更新、完善。

素质教育是一种前瞻性的教育理念，它强调教育不仅要满足当前的需求，更要预见和适应未来科技和社会的发展趋势。这种教育模式的核心在于促进人的全面发展，不只在于知识的传授，更包括能力的培养和人格的塑造。素质教育的时代性特征意味着它必须紧跟时代的步伐，不断更新教育内容和方法，以适应快速变化的世界。在21世纪这个知识爆炸、技术革新的时代，素质教育不再局限于传统的升学或就业目标，而是立足于培养能够适应未来社会发展的人才。它要求教育者超越传统的教学计划、教材和培养方式，不再仅传递已有的知识和经验，而是要教会学生如何在动态的环境中把握发展机会，如何终身学习和自我更新。

素质教育的目标是要打破教育的"惰性"，鼓励学生超越前人，这种超越不仅要体现在知识范围上，更要体现在能力系统和心理状态上，只有这样，才能使他们成为能够适应未来挑战的成功者。

二、传统文化与教育的关系

中国传统文化与教育的关系，是一个深植于历史与现实土壤中的复杂话题。传统文化是历史长河中累积的宝贵精神财富，它包含了古代人民的智慧、道德观念、审美情趣以及社会习俗等方方面面。而教育，则是传承文化、培养新一代的重要途径。在这样的背景下，中国传统文化与教育之间的关系显得尤为密切。

中国传统文化强调的是道德修养、家庭观念和社会责任感。这种文化观念在教育中得到了充分的体现。古代的教育，无论是私塾还是官学，都把道德教育放在首位，让学生从小接受儒家思想的熏陶，培养尊老爱幼、诚实守信、勤奋好学等美德。这些都是中国传统文化的精髓，也是教育的核心内容。

同时，中国传统文化的丰富内涵也为教育提供了丰富的教材资源。古代的"经史子集"等经典著作，都是教育的重要教材。这些经典著作中蕴含的深刻哲理和丰富知识，不仅为学生提供了学习的内容，也启发了他们的思考和创造力。

另外，中国传统文化还强调实践和实用，这种观念也影响了教育的实践。古代的教育不仅注重理论知识的学习，也注重实践能力的培养。学生不仅要读书，还要参加农业、手工业等实践活动，以培养他们的实践能力和实用技能。

对于当代素质教育来说，中国传统文化同样不可或缺，可以说二者之间存在着一种水乳交融的联系。中国传统文化，经过数千年的沉淀与打磨，已然成为中华民族智慧与精神的结晶。其中蕴含的深邃哲学思想、崇高道德观念、高雅审美情趣以及规范的社会行为准则，无一不是素质教育的宝贵财富和重要组成部分。这些文化遗产，不仅丰富了素质教育的内涵，更为之提供了深厚的文化底蕴和强大的精神支撑。

在当代，素质教育聚焦于学生全面素质的培养，涵盖道德素养的塑造、智力发展的提升、体育健康的培育、艺术修养的熏陶以及社会实践能力的锻炼。这一教育理念与中国传统文化中倡导的"修身、齐家、治国、平天下"的道德理想相得益彰，二者相互辉映，共同促进学生的全面发展。

中国传统文化中的儒家思想，作为一种源远流长的思想体系，它的核心观念包括"仁、义、礼、智、信"这五常，这五常被视为其思想的精髓，并广泛地影响着中华民族的传统美德和道德规范。与现代素质教育所倡导的道德规范和社会责任不谋而合，呈现出一种跨时代的相似性。以儒家思想为例，我们可以看到，孔子所提倡的"己所不欲，勿施于人"的黄金法则，在当代教育中得到了全新的诠释和应用。这一法则被转化为培养学生尊重他人、理解差异的包容精神，旨在让学生在成长过程中，逐渐形成一种对他人的尊重和理解，以及对差异的包容和接纳，这是现代素质教育中极为重要的一部分。此外，道家文化和佛家文化在中国传统文化中也有着举足轻重的地位。道家文化强调的自然和谐观，以及佛家文化强调的内心修为思想，都是我国传统文化中不可或缺的部分。这些思想对于培养学生的生态意识、心理素质及抗压能力，提供了丰富的精神资源。道家文化中的自然和谐观，强调人与自然的和谐共处，提倡顺应自然、尊重自然、保护自然。这种观念在当代教育中，被转化为培养学生对生态环境的尊重和保护，以及对自然资源的合理利用。这对于培养学生的生态意识，提高他们的环保素养，具有重要的意义。佛家文化中的内心修为思想，强调通过内心的修炼，达到内心的平静和安宁。这种观念在当代教育中，被转化为培养学生内心的强大，提高他们的心理素质和抗压能力。这对于学生在面对困难和挫折时，能够保持积极的心态，具有重要的指导作用。

在具体的教育实践中，中国传统文化可以通过多种形式融入素质教育。如通过经典诵读、书法练习、传统节日庆祝、民俗体验等活动，让学生在亲身体验中感受传统文化的魅力，进而培养他们的文化自信心和民族自豪感。此外，传统文化中的成语典故、历史故事等，都是进行道德教育和历史教育的生动教材，有助于学生形成正确的世界观、人生观和价值观。

中国传统文化是当代素质教育的宝贵资源库，它不仅为教育提供了丰富的内容，更为培养具有全面素质的时代新人提供了价值指导和精神支持。然而，随着时代的变迁，中国传统文化也面临着一些新的挑战。在全球化的大背景下，各种外来文化不断涌入，与中国传统文化形成了碰撞和融合。这种碰撞和融合给中国的教育体系带来了新的机遇和挑战。如何在保持传统文化精髓的同时，吸收外来文化的优点，培养出既有民族特色又有国际视野的新一代人才，成为中国教育界需要面对的重要课题。

因此，中国的教育体系在保持传统文化的基础上，也在不断进行创新和改革。一方面，加强对传统文化的学习和传承，通过各种形式的活动和课程，让学生深入了解传统文化的内涵和价值；另一方面，积极引进国外先进的教育理念和方法，结合中国的实际情况进行本土化改造，以适应新时代的需求。

同时，我们也应该看到，中国传统文化与教育的关系并不是单向的。教育在承担着传承和弘扬传统文化的重任的同时，也在不断地对传统文化进行着丰富和发展的过程。通过教育的方式，我们可以将传统文化的核心价值和独特精神传递给我们的下一代，让他们在深入理解和坚定认同传统文化的基础上，勇于探索，敢于创新，为传统文化的持续发展注入源源不断的新的活力和动力。

总之，中国传统文化与教育的关系是密不可分、相辅相成的。在未来的发展中，我们应该继续加强传统文化的传承和弘扬，同时也要不断创新和改革教育体系，以适应时代的需求和发展在不断推进教育现代化的进程中，深入挖掘和传承传统文化，将之与当代素质教育有机结合，对于培养符合社会主义核心价值观的建设者和接班人具有重要的意义。这样的教育方式，既是对传统文化的传承与发扬，也是对现代教育理念的丰富与发展，更是对中华民族未来的投资与期待。

第二章　中国传统文化与
当代大学教育的融合

　　将传统文化与大学教育进行深度融合是当今时代的主题，中华民族传统教育思想具有普遍的指导意义。而当代教育模式缺乏中国自古已有的传统文化的精髓，仅注重知识教育，而忽略传统美德的弘扬，这对道德人格的塑造是一种缺憾。试想，只有知识而没有品德的人是我们所需要的吗？

　　从大学生的角度来看：第一，当代大学生普遍文化素质较高，具有一定的学习能力和理解能力，他们学习传统文化是可行的；第二，部分大学生由于家长的宠爱以及家境的优越，缺乏道德观念，有一种"唯我独尊"的心态，他们有学习传统文化的必要性，传统文化能够让他们以谦虚谨慎的态度面对以后的人生，有百利而无一害。

　　从社会的角度来看：对大学生进行传统文化教育对中国的发展影响深远。大学生将来要成为社会的主力军，此时对他们进行传统文化教育，若干年后，他们会在各自岗位发挥传统教育带来的优势，对各行业发展都有一定的积极意义。

　　从文化的角度来看：传统文化年代久远，有些理论和思想已经过时，而当代大学生具有一定的创新能力，他们能够赋予传统文化新的内涵，让传统文化焕发新的生机，这对传统文化的保护、传承、发扬都至关重要。

　　总而言之，无论从施行大学传统文化教育的必要性、紧迫性来看，还是从大学生的自我特性，抑或传统文化发展的自身要求来看，传统文化与当代大学教育都应该且可以融合。本章介绍了中国传统文化与当代大学教育的融合，具体包括当代大学教育概况、当代大学生教育问题分析、发展大学生传统文化教育的必要性以及当代大学教育与传统文化的互鉴与共融。

第一节　当代大学教育概况

一、中国当代大学教育取得的成就

经过教育者们持续不断的努力，我国教育事业收获了丰硕的成果，亿万中国人民的义务教育权利得到保障，越来越多的人得以接受高等教育。值得一提的是，在素质教育的浪潮下，我国的教育越来越注重学生的全面发展和综合素质提升，为社会输送了越来越多的高素质人才，以知识的力量推动了社会经济的高速发展。

（一）培养了数量巨大的高素质人才

在我国教育领域的一系列成就中，高等教育的高入学率显然是一个令人瞩目的亮点。在一系列国家政策的支持下，越来越多的人得到了接受高等教育的机会，目前，高等教育的毛入学率已经超过了 50%。

高等教育入学率之所以能高速增长，除了前文提到的国家政策支持外，也与现代社会日益增长的高素质人才需求关系密切。随着经济的快速发展和产业升级的加速推进，各行各业对人才的需求日趋专业化、高端化。高等教育作为培养高素质人才的重要基地，其入学率的快速增长，为社会输送了大量优秀人才，为国家的经济社会发展提供了有力支撑。

我国高校院系也有了重大调整，从以往注重理工科实用型人才向理工人才与高素质社科人才并重转变，推进了"四有"新人培养，从致力打造"专门人才"向"一专多能"人才转变，培养了大批现代化建设的有生力量。这完全得益于我国教育体系规模的扩大。目前，我国拥有将近 3 亿的在校学生，将近2 000 万的在校教师，如此规模的师资团队在世界范围来看也是绝无仅有的。在教育规模扩大的同时，兼顾了教育质量的提高，如在 OECD 开展的 PISA 项目中，上海学生取得第一名的好成绩，我国在全球高等教育系统实力排名中位列世界第八，亚洲第一。

（二）加快了传统教育观念的转变

先进的教育理念是国家事业得以稳步发展的不竭动力。对于"培养什么人""怎么培养人""为谁培养人"等问题国内外专家、学者有着深入的见解，他们不断拓宽、加深我们对新时代教育的认识。一开始，人们仅把教育当作一种吃饭的工具，当作养家糊口的一项技能，简单来说就是"教育工具论"，但 1985 年国家发布了《中共中央关于教育体制改革的决定》，确立了教育的基本目标、基本理念，使人们不再用老眼光去看待教育，能够真正把教育当作为国家服务的事业，而不仅仅是工具。

现在，教育目标又发生了转变，从为社会主义事业服务转变为"以人民为中心"，教育必须"以人为本"，结合人的全面发展与教育学进行立论，要"坚持扎根中国大地办教育"，这既体现了文化自信，又体现了新时代教育观念的科学性和特色化。

（三）在教育事业拥有国际地位

随着我国国力的不断增强，教育国际化的水平稳步攀升，教育事业的影响力也逐渐加大，经历了从规模发展到传播中国文化的新阶段。越来越多的外国学生选择来华留学，我国无论是留学生输入量，还是留学生输出量，在世界上都居于领先地位。此外，我国在世界各地开办的孔子学院也形成了很大规模。截至 2023 年底，中外教育机构陆续共商、共建、共享的 496 所孔子学院、757 个孔子课堂努力满足世界各国民众学习中文、了解中华文化的需求，服务全球 160 个国家和地区，成为国际中文教育龙头品牌[①]。我国教务对外开放稳定呈现全方位、多层次、宽领域的崭新局面，人文交流、政治互信、经贸合作成为我国外交的三大支柱。而这一切都来自党中央、国务院的正确领导，也是中国人民不懈努力所获得的成果。

不过，也应全面看待我国的教育，不应被一时的成就冲昏头脑，要认识到当代教育仍存在一些客观问题。

---

① 孔子学院官网. 20 岁，正青春｜孔子学院二十周年标识正式发布［R/OL］（2024-5-20）［2024-5-21］. https://www.ci.cn/xwzx/gg/10929b45-6376-4776-8d00-45f77b73c487.

二、中国当代大学教育存在的问题

（一）教育公平的问题

教育公平的重点在于国家配置教育资源时所依据的原则的合理性。教育公平这一概念由来已久，中外先贤们都曾强调过教育公平的重要性，具有代表性的说法有孔子的"有教无类"和柏拉图的"理想国"等。随着近代社会司法体系的建立和完善，世界各国都出台了相关法律法规来保障教育公平。总体来说，教育公平有三个关键点：其一，每个人都享有受教育权；其二，每个人受到的教育应该是相对平等的；其三，教育对每个人的效果应该是相对一致的。

现代社会需要更多的高素质人才，需要让更多人接受高等教育，在这一过程中，教育公平是十分关键的。只有充分保障教育公平，才能顺利开展一系列改革，才能稳步构建社会主义和谐社会。在无数教育者们的不懈努力下，我国教育事业的公平性得到显著提升，但仍有许多尚未解决的问题，应该重视这些问题，将之作为今后工作的重点。具体来说，教育公平主要有以下两个方面的问题。

第一，区域因素。由于我国处于快速发展期，社会中存在区域经济发展不平衡的问题，尤其是农村地区、偏远地区，这些地区的地理环境导致其整体发展受限，与现代化大都市形成了鲜明的对比。很多偏远地区虽然已经实现了九年义务教育，但是仍然存在"教不好""学不会""留不住"等客观问题。教学质量低下、办学结构简单、教学条件简陋、学习氛围淡薄等问题需要引起重视，这种情况若不能完全解决，就不能实现教育公平，而教育差别过于明显，对教育改革是十分不利的。

第二，经济因素。随着部分地区经济发展速度空前飞快，近年来出现了较多利用金钱获得更好教育权利的问题，利用经济手段打破人人接受平等教育的规则，部分学生家长利用金钱进入高质量的院校，而没钱的家庭的孩子只能去各项条件相对较差的学校。可事实上，很多没钱的家庭的孩子更刻苦、成绩更好，他们更应当享有高质量的教育和公平受教育的权利。

（二）应试教育的问题

总的来看，应试教育作为一种考查学生学习状况和结果的方式具有其优势，在无形之中具有促进学习、监督学习的作用，但是应试教育的弊端也日益显现。

应试教育把成绩、升学率作为评价学习成绩、教育效果的唯一依据，以这种方法为指导原则，学生的学习由主动变为被动，学习积极性降低。很多学生在应试教育的高压之下，失去对学习的热情，不再发自内心爱好学习，仅仅是为了考出好成绩，不再挨骂，或者获得表扬而已。这样一来，学习效率会逐渐变低，从而形成教师一包到底的"填鸭式"教学。这种教育方式由于学生缺乏主动性，极容易造成拖堂、减少休息时间的状况，而这种状况会使学生学习主动性、积极性变得更低，甚至产生厌学心理，形成恶性循环。

第一，应试教育忽视了学生的全面发展。就教育学而言，德智体美劳应当是五位一体，相辅相成，不可分割的。但是，应试教育割裂了这五个方面，片面重视智力发育而忽视了其他方面。教育部门重视智力培养，从思想到方针一直在加大这方面的培养力度，对其他方面却没有具体管理措施，也缺乏宏观调控，甚至相关课程还被文化课程挤掉，这不仅会造成学生的片面发展，还会造成学生视力下降、身体素质下降，使学生缺乏道德意识、公德意识、理想信念等。

第二，在应试教育模式下，学生在临近考试的阶段会有繁重的课业负担，难以喘息。当前社会高速发展，知识经济全面到来，社会急需知识型人才。培养科技人才固然重要，父母对孩子满怀期望可以理解，但是在考试面前，成绩大于一切的思想与以"题海战术"应对一切的做法并不可取。无论是教师还是学校，通过这种违反教育规律的方式教育学生，只能让学生压力越来越大，反而事倍功半。重灌输、轻启发，重背诵、轻理解，重理论、轻实践，会让学生无法真正理解所学知识。

第三，在教育对象上具有片面性和不公平性。应试教育模式下学校为了提高升学率，必然把全部精力放在了成绩优异的学生身上，如毕业班班级里的前几名，这就导致其他同学被教师、学校忽视。他们有同等受教育的权利，但是受到不公平的待遇，这忽视了全体学生的均衡发展，把培养优秀学生和提高最广大受教育群体的素质完全对立，使教育成为少数人的教育，这也从一个侧面反映了教育公平存在的问题。因此，想要实现教育公平，在一定程度上也应当改变应试教育的局限性。

第二节　当代大学生教育问题分析

当代大学生教育主要存在道德教育缺失、人文教育力度不够、学生实践机会较少等问题，而这些问题能从我国传统文化中找到解决之法，我们可以将中国传统文化融入当代大学教育中，以优秀传统文化助力大学生全面发展。

一、当代大学教育缺乏德育，偏重智育

大学是青年学生成长成熟的重要阶段，大学生们的接受能力十分优秀，这时对他们进行道德教育能达到事半功倍的效果。道德教育始终是中国传统文化的重中之重，传统文化中的"仁""格物致知""中庸"等思想精华是我们开展德育教育的重要参考。

我国当前的大学教育体系并没有将德育摆在恰当的位置，许多高校只注重智育而忽视德育，这显然是不合理的。大学的核心任务是培养全面发展的高素质人才，这就要求高校不仅要注重理论知识的灌输，更要提升学生们的道德素质。学生在大学时期接受良好的道德教育对他们今后的发展意义重大，能够帮助他们完善人格、升华精神境界，让他们以更加积极乐观的心态应对工作与生活，助力他们走向成功。

现代社会，生产力高速发展，人们的物质需求得到了极大满足。但与此同时，越来越多的人表现出了精神文化方面的缺失，这种现象甚至蔓延到了大学校园中。随着改革开放的不断深化，我国青年能接触到的思想观念越来越多。这些新的思想，一方面为大学生观察世界、建立三观提供了新角度，另一方面也在冲击着他们原有的价值观念，一些不良思想更是会对大学生的精神世界造成极大破坏。举例来说，有些大学生受享乐主义影响，热衷攀比生活条件，一切以物质享受为先，将勤劳节俭的传统美德抛到了九霄云外；有些学生家庭条件并不算优渥，却在日常生活中超前消费，加重家庭的负担；还有些学生盲目拜金，认为金钱就是唯一的人生目标。这些现象都说明了不良思想对青年学生的腐化，也反映出当代大学教育中道德教育的缺位。

事实上，我国在 20 世纪 90 年代就印发了《中国普通高等学校德育大纲》，认为大学生应当热爱祖国、拥护党的领导、学习马列主义、具有艰苦奋斗的精

神、具备良好心理素质和道德品质。可见，国家早已对道德修养提升有清晰的认识，但是为何一些地区德育仍普遍出现滑坡？原因是：一方面，很多学校在开展德育工作的时候仅仅停留在口头上，没有真正把德育落到实处，只重视智育课程，德育往往一周只有一节课，最多也就两节课；另一方面，部分学校虽然重视德育，但仅仅是单方面强制灌输，在课堂上由教师讲几句话，或者讲几个小故事作为案例，没有真正使学生内心的道德体验得以强化。这种方法过于简单、陈旧，最后使德育课程仍然起不到相应的作用。

在这种情况下，强化大学生德育，并对德育进行转型是一项紧迫的工作。社会是普遍联系和发展的，德育也必须与现实社会紧密联系、与时俱进。在生活中强化德育，在德育中感悟生活，这才是德育最好的方式。反观其他国家，尤以西方发达国家为例，他们在大学重点培养大学生的爱国之情与民族精神，他们不采用课堂讲授的方式，而是将德育包含的内容循序渐进地融入大学生每日生活之中，让学生与美德为伴，促使其道德、人格、修养全方位提升。这种方式的优点在于认识到德育的特殊性。德育强调内在体验，如果只是照本宣科，那必然造成之前的局面，即有对的观念，却会出现错的行为。在实践德育观的指导下，我国大学生德育必须紧紧围绕大学生应当具备的基本素养进行教育，培养大学生的爱国情怀、民族精神、责任感、公德心、自信心等。同时，要重视德育思想的先进性，要富有时代特色，在新媒体、信息化时代变革的传统教育方式上，增强德育的影响力，促进大学生知行合一。

二、当代大学教育忽视人文，偏重科学

当代大学教育中的功利色彩过于浓重，如校方狠抓升学率、就业率，学生在选择专业时只看中毕业后的薪资待遇等，这种现象导致理工科热门专业分数一路走高，而人文相关专业则无人问津。然而，人文教育对于社会的健康发展来说是十分必要的，过于偏重科学而忽视人文教育会导致许多片面的社会导向的出现，如只崇尚准确数据和事物规律性的唯科学主义等。一味地追求科学与数据只会让人们的精神世界更加空虚，不利于社会发展。

在中国传统文化中，"利"与"义"的关系一直是学者们十分重视的话题，无论是儒家、法家还是道家都对两者的关系有自己的见解。在无数先贤的总结归纳下，传统文化的"义利观"逐渐明晰，它倡导人们适度追求"利"，在日

常生活中"以义为先"。这种"义利观"揭示了人文教育的重要性，为我们提供了宝贵的启示，引导我们重视人文与道德教育。

我们在开展教育工作时，应该将人文与科学置于同等重要的位置，它们犹如教育这枚硬币的正反两面，紧密相连，不可分割。具体来说，科学精神与人文精神之间存在着一种微妙的共生关系，它们彼此交织，相互滋养。科学是以人类智慧为驱动力的创造性知识体系，蕴藏着深厚的人文关怀，它无法脱离人类的精神世界而孤立存在。换言之，科学不仅是探索自然规律的途径，更是人文精神的一种独特展现形式。科学活动帮助人类逐步揭开自然界的神秘面纱，这一过程中，个体不仅增长了知识，更能在不断地自我反省与提升中实现精神的升华。科学领域的一些宝贵精神，正是人文学科所珍视的价值观，它们在科学家们的科研生涯中熠熠生辉，与人文精神产生共鸣。由此观之，科学精神本质上是对非功利性人文追求的一种体现，它鼓励人们超越物质利益的束缚，追求更高尚的精神境界。

科学与人文有许多相似之处，比如它们都追求多元化与自由。许多人将人文视作书生的咬文嚼字，将之与迂腐顽固画上等号，这显然是有失公允的，真正的人文精神始终与时代发展方向一致，是推动社会进步的重要力量。现代人文精神注重人们的现实生活，并帮助人们充盈自己的精神世界，通过这种方式为社会经济和科学技术的发展提供助力，推动社会发展。

因此，当下的大学教育应当实现人文与科学的转向。大学的教育工作者应当清楚地认识到人文学科的重要意义，认识到人文学科对传统文化的承载作用，认识到人文学科独有的严谨治学规范，认识到它自身的理论构架。要实现以上转变，需要做到以下几点工作。

第一，人文教育应当注重精神关怀。让学生进行人文知识积累，帮助大学生思考、探讨关于人生意义、价值方面的问题，发现形而上的理性世界与形而下感性世界的连接点，去学习诗意生活、哲学思维等，构建学生的精神世界。

第二，人文教育要帮助大学生确立生活中的目标，这种目标不是单纯的功利主义目标，也不是单纯的虚无缥缈的哲思，而是既包含崇高、永恒的特性，又结合现实生活的目标。通过各类人文课程对学术意义的阐发，使学生对各领域学问都有所涉猎，在宽广的知识海洋中寻找最适合自己发展的方向，在潜移默化中提升自我，从而正确选择信仰体系，提升各项能力。

第三，要将中国传统文化精华融入人文教育之中。中国传统文化博大精深、范围甚广，将传统文化与人文学科相结合，既能改变科学主义盛行的常态，又有利于民族自信的确立。而针对这一点，又要注意以下两方面。

首先，要培养忧患意识。中华文明经历几千年，是从风霜雪雨中走过来的，中华人民"先天下之忧而忧"的忘我精神体现了个人热爱祖国、报效国家的博大情怀。

其次，要有"和而不同"的和谐观。人生在世，不可能与任何人都合得来，发生冲突在所难免，而传统文化讲究尊重差别，在差别中能够保持和谐才是"君子"之大德。当代大学生人数众多，大学教育学科庞杂，在这种情况下，每个人都尊重他人，允许不同学科的爱好者存在，取长补短，共同进步，形成一种良性、动态、和谐的局面是人文精神的价值体现。

三、当代大学教育缺乏实践，偏重理论

当前，我国高等教育体系过度偏重理论知识的传授，忽视了实践环节的重要性。这一现象不仅削弱了大学生的学习热情，更抑制了他们探索精神与创新能力的发展。同时，许多教材落后于时代，某些历史教材中的地图错误频出，这种教学模式和教材无疑无法满足现代社会对大学教育的需求。面对日新月异的现代社会，高校若继续忽视实践教学的价值，将严重阻碍现代大学教育的进步。

回望历史，中国古代先贤早有"纸上得来终觉浅，绝知此事要躬行"的深刻洞见，强调了实践对于知识掌握与理解的关键作用。诚然，理论是认知发展的基石，但唯有通过实践，理论才能得到验证。大学教育作为高等教育的重要组成部分，其本质要求自然与基础教育不同，应该强调理论与实验的深度融合，以促进学生综合素质的全面提升。然而，如今的大学教育仍陷于理论讲授的窠臼之中，实践环节往往流于形式，呈现出"半实践"的尴尬状态。这种教学模式虽能短期内提升教学效率，迎合应试教育的需求，但从长远来看，却难以有效挖掘学生潜能。因此，如何破解高校实践教学之困，成为当前教育改革的紧迫课题。

国内学者对此进行了广泛而深入的研究，借鉴国外大学成功的实践教育经验，试图为我国高校提供可借鉴的路径。然而，这些尝试在我国实施过程中却

遭遇了诸多障碍，包括教育者们对实践教育重要性的认识不足、学校硬件设施配备的匮乏、评价体系的不完善以及教师实践教育热情的缺失等。

针对以上问题，当代大学实践教育需要做到以下几点。

第一，保证经费与师资的投入。大学校方要注重资金的筹措，注重实践教学质量的提高，了解政策导向，并在政策的指引下，保证实践教学顺利完成。

第二，注重产学研结合。让学生在大学提前接触社会，进入企业实践，熟悉工作流程。高校应当充分利用自身的影响力，坚持教育与市场相结合，按照校企双赢的原则，在企事业单位建立实践教学基地。反过来，企业也应充分认识到人才的重要性，广泛加强与高校大学生的交流，真正搞好校外实践基地建设活动。

第三节　发展大学生传统文化教育的必要性

中华优秀传统文化是中华民族发展的力量源泉，是中国人民共有的精神栖息地。深入学习与传承这一文化瑰宝，不仅能够启迪心智，更可以涵养品德，促进个体全面发展。当代大学生作为社会知识精英群体，应当承担传承和弘扬传统文化的重任，他们不仅是文化的接受者，更是未来的传播者与创造者，因此，在这一群体中强化传统文化教育，对于推动社会整体进步与文化繁荣具有不可估量的价值。如今我国部分青年对外来文化，尤其是节日文化，如圣诞节、万圣节等，表现出过度的热衷，对于中华民族的传统节日，如七夕节等却知之甚少。这一现象深刻反映了传统文化教育在青年群体中的缺失，凸显了加强大学生传统文化教育工作的紧迫性。

一、培养爱国主义精神和民族自豪感的需要

从古至今，我国一直重视并传承着爱国主义这一民族精神。爱国精神是中华民族不断向前发展的原动力，深深植根于民族文化的土壤之中，代代相传，历久弥新。对于新时代的青年人而言，传承并弘扬这种民族精神是至关重要的。而只有深刻理解国家的历史与文化，才能激发出内心深处的爱国情感。因此，我们必须通过传统文化教育，让学生深入了解中华民族的历史与文化，让爱国主义的精神在每个人心中生根发芽。

历史上的爱国人物数不胜数，我们能从史书中找到他们的身影。屈原报国无门，自投汨罗江；苏武在匈奴之地苦熬十九个年头仍以汉臣自居，不抛弃使臣旄节；范仲淹慷慨陈词"先天下之忧而忧，后天下之乐而乐"[①]，表现自己心怀天下的高尚品格；名将岳飞被奸臣秦桧诬陷，以"莫须有"的罪名被处死，留下"天日昭昭"表明自己的气节；谭嗣同在戊戌变法失败后坦然赴死，留下"去留肝胆两昆仑"绝唱。除了这些前辈，没能青史留名的爱国人士又何其之多。他们是爱国精神的践行者，正因为有他们，才有这样的民族气节，中国才能巍然屹立于民族之林。用以爱国主义为核心的民族精神来培养大学生的品格，引导他们内心自然而然地产生民族自豪感尤为重要，这是使个人和国家联系起来最直接且牢靠的情感连接。

中华传统文化是先民的智慧结晶，是世界的瑰宝。注重传统文化是培养民族自豪感的重要途径和需要。历史上诸多先哲、先贤都是应当学习的典范，如孔子、孟子、韩非子、朱熹、王阳明等人，他们的伦理观念、辩证思想、处世哲学无论到何时，对我们都具有极大的指导意义。在面对西方观念挑战的时候，要加强爱国主义教育，缅怀先烈，回首历史，激励自己以历代抛头颅、洒热血的民族英雄为榜样，用自己的青春和热血为振兴中华出一份力，肩负起祖国富强、民族振兴的光荣使命而不是崇洋媚外。

二、改善社会和校园风气的需要

大学是青年三观形成的重要时期，这时学生的学习能力和接受能力都强，对各类新事物的学习速度很快，这也让他们更容易受到不良风气的影响，如利己主义、拜金主义等。为了防止青年被不良风气腐化，高校可以对大学生进行传统文化教育，用传统文化中的优良品德引导学生树立正确的三观，让他们拥有积极向上的心态。

（一）大学生形成"公而忘私"责任意识的需要

《尚书》中的"以公灭私，民其允怀"[②]，《诗经》中的"夙夜在公"[③]，大

---

① （宋）范仲淹. 范仲淹全集 [M]. 成都：四川大学出版社，2002.

② 徐奇堂译注. 尚书 [M]. 广州：广州出版社，2001.

③ 张南峭校注. 诗经 [M]. 郑州：河南人民出版社，2020.

禹三过家门而不入，张居正"自请夺情"，都是传统文化中"大公无私"的生动反映。如今自然也有许多大学生具备这种可贵的精神，许多优秀学生干部一心一意为班级服务，得到大家的拥戴和赞扬，但仍有许多同学只看重个人利益而没有集体荣誉感，在考试过程中作弊、打小抄，或利用职务之便为自己谋取私利。这就表明开展优秀传统文化教育十分必要。

通过优秀传统文化教育，大学生们可以深入了解古人"公而忘私"的高贵品质，借助古人的榜样力量培养自身的无私精神和集体荣誉感，进而为整个社会贡献自己的力量。

（二）大学生形成"人无信不立"诚信品格的需要

孔子认为"民无信不立"，"信则人任焉"[①]。孟子认为"诚者，天之道也；思诚者，人之道也"[②]。管子认为"诚信者，天下之结也"[③]。这些名言警句都体现了先贤们对"信"这种品质的重视，古往今来，有关"信"的故事非常多，最具代表性的当数"曾子杀猪"。曾子的妻子为了安抚吵着要跟自己一起出门的孩子，便说等自己回来给孩子杀猪吃。当曾子与妻子回到家时，妻子却认为先前与孩子说的话是玩笑话，不能作数，不愿意杀猪。这时曾子说"做人要讲诚信，要为孩子做榜样，让他们懂得言出必行的道理"，便把猪杀了。曾子的话平实动人，为我们揭示了诚信的重要性，给今天的大学生诚信教育提供了宝贵的启示。

当代部分大学生诚信缺失，究其根本主要有两个方面的原因：一是社会层面，当前社会中存在很多失信人员，他们缺乏诚信，把这种不良风气在各行各业进行传播。大学生难免受其影响，久而久之，部分大学生也丧失诚信。第二是自身层面，也是主要层面。大学生内在思想对诚信没有提起重视，他们认为偶尔的失信无伤大雅，毕竟事情的发展总是难以预料，人本来也是充满自由意志的个体。但是传统文化告诉我们，明礼诚信才是立身之本，讲诚信是走向社会的"通行证"。

---

① 刘兆伟译注. 论语［M］. 北京：人民教育出版社，2015.

② （战国）孟子. 孟子［M］. 哈尔滨：北方文艺出版社，2019.

③ （春秋）管仲. 管子［M］. 长春：时代文艺出版社，2008.

（三）大学生形成"重义轻利"高洁思想的需要

重义轻利是中华民族的核心价值观。我国历史上有数不清的仁人志士，他们视金钱如粪土，认为只有符合"义"的事才是最有意义的。例如，张良为五世韩相之后，才智超群，想出的计策每每都被刘邦采纳，于是刘邦赏赐张良很多金银财宝，但是张良认为，自己用不到这些东西，把金银财宝全部用于帮助刘邦开创大汉的伟大基业。又如，战国时期著名思想家孟子，他的"义利之辨"广为流传。

我们希望通过进行传统文化教育，使大学生了解这些传统文化中蕴含的深刻道理，学会去认识、追求更深层、更具思辨性的精神，学会反思的思维方式，而不是把目光停留在物质层面的利益。荀子曾说"君子养心莫善于诚""君子耻不修"，这都说明真正具有高尚道德情操的人必须能够修养内心，而不修己，就会成为一个人最大的缺点。诸葛孔明认为"君子之行，静以修身，俭以养德"，这无疑对当下世俗化的价值观、人生观产生了强烈冲击。如果每个大学生都受到传统文化的长久的熏陶，整个社会的风气也会朝着更为良性的方向发展。

三、继承和弘扬传统文化的需要

中华优秀传统文化之所以能影响一代又一代的中华儿女，正是因为人们对传统文化的传承从未断过，传统文化薪火相传，并不断被赋予新的时代内涵。在当下，大学生们是继承和弘扬优秀传统文化的中坚力量，需要肩负起这一重大责任。这种继承和弘扬不是对传统文化的全盘接受，而是对它的传承与再造并赋予新时代的内涵，只有这样，传统文化才能做到历久弥新。高校作为大学生学习、传承传统文化的主阵地，也要意识到自己在文化传承方面的重要责任，将传统文化与大学教育有机结合。具体来说，我们在传承优秀传统文化时有以下几点需要特别注意。

第一，传承优秀传统文化要结合现实情况，不能生搬硬套。一方面，我们要坚持优秀传统文化的核心内涵、本质属性；另一方面，我们也要注意与时俱进，对传统文化作出适当调整，使之与现代社会相适应。举例来说，传统问候语如"您吃了吗？"中国百姓听了并不会觉得奇怪，但在一些西方国家就会令人感到冒犯。在如今文化交流越发密切的大背景下，我们在与其他国家的人们交流时就应当换位思考，选择合适的方式，不能固守传统。

第二，传统文化必须有文本依据，根据文本学谨慎的原则，对传统文化进行最真实、最清晰的还原，而不是模棱两可、穿凿附会，呈现一种"假文化"。没有系统的文本学理论作为基础，一切理论只将是不切实际的。

第三，对待传统文化与外来文化，一定要坚持以传统文化为主的基本原则，不可颠倒主次。孔子的思想与西方柏拉图的思想就有很多相似之处，如孔子讲"仁"，柏拉图讲"善"；孔子讲"普天下制"，柏拉图讲"道德城邦"；孔子讲"礼"，柏拉图讲"正义"。不仅如此，两者的教育观也有很多相似之处，他们都认为人们应当普遍接受教育，应当接受不同类型的教育，甚至包括音乐、体育的教育。遇到这样十分相似的外来文化时，必须坚持以我国传统文化为主，对外来文化进行一定程度的吸收，但绝对不可全盘西化。

第四，对待我国传统文化本身，也要辩证地来看待。传统文化以其广博为最显著的特征，包罗万象是它的标签，其中难免有些过时的、片面的、错误的内容。我们在对传统文化进行研究、传承和发扬的过程中，一定要注意去粗取精、去伪存真。

第四节　当代大学教育与传统文化的互鉴与共融

当今社会的发展可谓日新月异，时代的发展让越来越多的人开始意识到当代大学教育与传统文化的相互借鉴与深度融合的重要性。一方面，各高校在培养全面发展的高素质人才过程中不光需要向他们灌输理论知识，更需要引导学生学习优秀传统文化。从传统文化中汲取力量有助于学生们培养健全的人格，助力他们更高效地开展科研工作。另一方面，传统文化也需借助高校这一广阔平台，实现在新时代的传承与发展。在时代浪潮下，传统文化的传承面临许多亟待克服的难题，传统文化如何在新时代背景下焕发新的生机是每一位中华儿女都十分关心的问题。高校作为知识创新的摇篮与文化传承的圣地，无疑能为传统文化的传承与创新提供强有力的支撑与保障。

一、传统文化对当代大学教育的促进与完善

中华传统文化是无数中华儿女在历史长河中的积淀，是中华民族的宝藏，

对当代大学教育意义非凡。在开展大学教育时，不能忽视传统文化这一宝库，必须充分发挥其价值，借助传统文化完善大学教育。

首先，必须重视优秀传统文化中的德育价值，深入挖掘传统文化中可以利用的德育资源，为当代大学德育教育添砖加瓦。具体来说，儒家所倡导的"仁""信"等品质，道家主张的"天人合一""清静无为"等精神境界都可以成为大学道德教育的主题。大学生可以通过学习这些优秀传统文化提升自己的道德素质和文化修养，对他们今后的事业和生活都有重要意义。

其次，在传统教育模式中，还可以找到许多对现代教育有着借鉴意义的教育方法，这些教学方法，在一定程度上促进了教育质量的提升。其中，"因材施教"就是一个十分典型的例子。这一教育理念的核心在于，教师应该根据每个学生的个性特点和兴趣爱好来进行有针对性的教学，以此保证每个学生都能得到充分的关注和培养。这样的教育理念不仅有助于激发学生的学习兴趣，还能提高他们的学习效率。在现代大学教育中，"因材施教"的理念得到了更加广泛的应用和发展。现代大学教育更加注重学生的个性化发展，努力为每个学生提供适合他们的学习路径和资源。与此同时，现代大学教育也注重提升学生的全面素质，不仅关注学生的学术成绩，还关注他们的社交能力、创新能力、领导能力等方面的培养。

此外，将传统文化融入教育过程，不仅极大地丰富了教学内容，而且显著提升了整个教育体系的文化内涵和品质。这种融合使大学教育在传授专业知识的同时，也能够传承和弘扬民族优秀文化，实现了教育和文化的双重发展。这种融合还推动了大学教育的多元化进程，使得教育不再局限于单一的技能或知识培训，而是成了一个文化交流和碰撞的平台。在全球化的浪潮中，不同文化之间的交流和融合已经成为一个不可逆转的趋势。传统文化的融入，为大学教育带来了新的生机与活力，提供了更为广阔的视野和思考问题的角度。它使教育变得更加开放，能够容纳更多的文化元素和思想观念；同时也使教育变得更加多元，能够满足来自不同文化背景学生的需求。这种融合不仅有助于培养学生的文化素养，还能够增强他们对本民族文化的认同感和自豪感，为构建和谐多元的社会文化环境奠定坚实的基础。

传统文化可以有效促进教学质量的提升和教育内容的完善，而要想实现这个目标，必须将传统文化真正融入大学教育当中，具体可以从以下两个方面着手。

（1）将传统思想文化内化为大学生思维方式

把传统思想文化内化为大学生思维方式是大学文化教育的重要任务。当代大学生家庭条件普遍比较好，从整体上来看，他们有丰厚的物质条件、多元的价值取向，更有不同的发展方向可供选择。在这种社会背景下，现代化在他们的成长中留下深刻的时代印记，使大学生对人的价值、伦理道德的重视程度都逐渐降低，而大学生又是社会未来发展的顶梁柱，对他们进行传统文化教育，使他们充满对人、对文化的尊重与敬畏是尤为重要的。

首先，传统文化能够促进大学生全面发展，在普通课程之外，能够给大学生提供正确而积极的价值引导，有利于大学生的健康成长。

其次，传统文化由于其时代的局限性，难免有些不适合当代社会发展的部分，在对大学生进行传统文化教育的同时，教师与学生都应辩证、全面地来看待传统文化，对传统文化进行适当筛选，把最适宜当代社会的内容加以弘扬，这也是对传统文化的一种发展。

再次，大学生是社会中的高知识群体，作为高素质人才、祖国的未来，要肩负使传统文化促进社会发展的任务，给传统文化注入更多生命力与时代意蕴。民族的也是世界的，大学生通过对传统文化的学习与弘扬，把中国文化带到世界的各个角落，这对增强中国在世界上的影响力也大有裨益。

最后，大学生学习传统文化，更需要注意保护传统文化。当今社会，很多人的思想西化严重，喜欢过"洋节"，如圣诞节、万圣节、复活节、感恩节等。不可否认，西方文化有其可取之处，但不容忽视的是我们作为中国人，更要积极参与到保护传统文化的活动中，注意生活中的传统文化，同时在力所能及的前提下寻找适当时机主动向有关部门提出自己关于传统文化未来发展的新构想，以便政府更好地发挥职能，保护传统文化。

（2）大学生要正确认识传统文化的精华所在

大学生必须要正确认识传统文化的精华所在。首先，大学时期是人的世界观、价值观的形成确立期，更是人一生之中最为重要、最为灿烂的时期，对塑造个人的兴趣、心态极具必要性。与我们的父辈相比，当代大学生的个性更加张扬，有更强烈的求知欲与更大的可塑性，敢于追求新鲜事物。但是，部分传统文化没有与时俱进，这与"新新人类"之间产生不可逾越的鸿沟。其次，大学生对传统文化接触较少。传统文化因其特殊性，在思想层面的内容较多、物质层面的内容较少，且对大学生不具备吸引力。通常意义上的物质层面的传统文化主要包括皮影道具、戏曲道具、泥塑艺术、文学绘画艺术等，它们虽具备深厚的底蕴，却不像手机、电脑、游戏、互联网更能吸引大学生的眼球，这使年轻人对传统文化接触很少。最后，高校对传统文化教育不够重视。各大高校在传统文化教育过程中呈现"缺位"的特征，学校文化教育课程太少，使大学生感受不到传统文化的魅力所在。另外，有些高校在传统文化课上没有结合学生的具体情况，而是采取强硬灌输的方式进行教学，导致课堂上没有良好的氛围，学生积极性降低，结果适得其反。

那么，大学生应当怎样去认识传统文化的精华呢？这应该在传统文化的理论与实际两个层面展开。

首先，要认识到传统文化对中国文化的重要性，它是打造和构建当代社会主义中国文化文明之基。中国传统文化发源于古代，注重修养与伦理，同时注重探究人与自然、人与社会的关系问题。在学习和认识传统文化的同时，要善于把传统文化与西方现代文明结合起来，加强精神文明建设，这对新时代文明建设具有重大意义。

其次，要认识到传统文化对快节奏的当代社会具有现实性的指导功能。众所周知，中国礼仪无所不包，这才成就独特的"中国面孔"。通过传统文化的传承与弘扬，人们能够学会礼仪下的思维方式与处事原则，它可以全面地指导人们进行社会中的人际交往活动，其蕴含的文化资源极其宝贵，是提高社会包容力、凝聚力的重要法宝。

二、当代大学教育对传统文化的传承与弘扬

在深入探讨传统文化与当代大学教育的交融时，我们不难发现，这一过程不仅显著推动了教育质量的提升，还极大地促进了传统文化的传承。具体而言，传统文化为大学教育提供了取之不尽、用之不竭的知识养料与智慧启迪。而当代大学教育，则凭借其独特的教育理念、先进的教学方法及多元化的教学手段，肩负起传承和弘扬传统文化的神圣使命。更为重要的是，大学教育在传承传统文化时，并未止步于简单的复制与沿袭，而是积极适应新时代的社会发展需求，勇于探索与创新，将传统文化的精髓与现代思维、时代精神相融合，使之焕发出了新的生机与活力。大学之所以能成为传承传统文

的主阵地，有以下几点原因。

首先，大学作为学术研究与知识创新的阵地，汇聚了丰富的学术资源与卓越的师资力量。这一独特优势使大学能够深入剖析传统文化的精髓，为学生揭示其内在的价值与意义，进而促进他们对传统文化精神实现广泛传播与深刻领悟，学生们也能凭借对传统文化的深入理解为传统文化注入新的活力。

其次，大学作为人才培养的基地，承载着塑造未来社会栋梁的重任。广大学子汇聚于大学，接受系统的教育与引导，接触并深入理解传统文化的智慧与魅力。教育不仅仅是知识的传授，更是文化的传承与价值观的塑造，大学通过课程设置、文化活动、社会实践等多种形式，将传统文化的精髓融入学生的日常学习与生活中，使他们在潜移默化中接受传统文化的熏陶，逐渐成长为具备深厚传统文化素养的新时代人才，承担起传承并弘扬传统文化的时代重任。

此外，大学还可以通过举办各类文化活动，如传统文化讲座、展览、演出等，让学生亲身体验和感受传统文化的魅力，增强对传统文化的认同感和自豪感。同时，也可以吸引社会公众参与，扩大传统文化的影响力。这种社会参与度的提高有助于传统文化的普及和传播，使之在更广泛的范围内得到认同和尊重。

另外，随着国际交流的不断深入，大学还可以通过与其他国家和地区的文化交流，推动传统文化的国际传播，让更多的人了解和认识中国的传统文化。这种国际传播有助于提升中国传统文化的国际影响力，增强文化自信，同时也为世界文化多样性的发展作出贡献。

值得一提的是，在传承和发扬传统文化的过程中，当代大学教育并没有停留在过去的辉煌中，而是更加注重将传统文化与现代科技、现代理念进行有机结合，以此赋予传统文化新的时代意义。在教学手段上，大学开始广泛利用现代科技工具，比如多媒体教学、网络课程等，使传统文化的传授变得更加生动和形象。在课程内容的选择上，大学更加注重传统文化在现实生活中的应用和意义，引导学生思考如何将传统文化与现代社会的需求相结合，从而为现代社会的发展提供宝贵的经验和智慧。

综上所述，当代大学教育与传统文化的互鉴与共融是一个具有重要意义的话题。通过相互借鉴、相互融合，传统文化为当代大学教育提供了丰富的资源与启示；同时，当代大学教育也为传统文化的传承与创新提供了平台与机遇。

当代大学教育与传统文化的互鉴与共融，正是将教育与生活紧密相连、将传统与现代相互融合的重要体现。这种融合不仅有助于培养具有全球视野和创新能力的人才，也有助于推动文化的繁荣和社会的进步。因此，在未来的发展中，我们应当进一步加强两者之间的交流与融合，推动大学教育的创新与发展，不断探索和实践新的教育模式和方法，为培养更多优秀人才、推动社会进步作出更大的贡献。

第三章 中国传统文化与德育

中国传统文化源远流长，内容博大精深，内涵底蕴深厚，涉及我们人类社会生活的方方面面，特别是丰富的哲学思想、人文精神、道德理念，为人们认识和改造世界提供了有益启迪，也为新时代的大学生德育教育的发展与革新提供了有益启发。本章为中国传统文化与德育，具体论述了中国传统文化中的德育思想、中国传统文化德育思想的启示以及中国传统文化与大学生德育教育的融合。

第一节 中国传统文化中的德育思想

中华文明能够绵延至今，中华民族能傲立于世界民族之林，中华儿女能始终团结在一起，中华优秀传统文化功不可没。中华优秀传统文化植根于华夏大地，为一代又一代中华儿女提供精神力量，帮助中华民族抵御诸多风雨，是我们精神世界的力量源泉。

大学生是社会主义接班人，是国家建设的有生力量，在实现中华民族伟大复兴的过程中承担着重要的责任，为了让大学生发挥更大的价值，高校要注重培养他们的综合素质，促进他们全面发展。高校肩负着"立德树人"这一重要使命，不仅要深入阐释社会主义核心价值观的丰富内涵，更要积极弘扬中华优秀传统文化的精髓，使之与现代价值观有机结合。高校应当勇于探索，在日新月异的时代背景下，开辟出一条符合时代要求、贴近学生实际的德育教育新路径，不断创新教学方法与手段，让德育之花在校园内绽放。教育者们要深入理解中华传统文化的内涵，充分发挥其思想与德育教育功能，这可以为高校德育的理论研究与实践探索提供有益启迪。

一、"和而不同"的内涵及其德育价值

"和"的概念起源于先秦道家，"和而不同"是道家思想的重要观点，对如今的德育教育工作也有极大的参考价值。

老子说："道生一，一生二，二生三，三生万物。"[①]万物以其独特的姿态展现着他们的丰富性、多样性与差异性，这不仅是自然界的法则，也是人类社会的现实图景。每个人，在追求自我生存与发展的征途中，都不得不思考一个重要议题：如何在与自然、社会及他人的互动中，找到和谐共生的平衡点。面对这一问题，人们表现出截然不同的两种姿态。一种是自私自利，具体表现为对自我发展的盲目追求，无视自然法则的约束，不顾社会公正的底线，更不愿接纳他人的差异与多样性。这种"唯我独尊"的心态，往往伴随着对他人的排斥乃至消灭，企图将世界简化为色彩单一的画卷。然而，历史无数次证明，这种独断专行、排斥异己的做法，最终只会造成自我毁灭的悲剧。与之相对，另一种包容的态度则显得尤为珍贵。它倡导在追求自身发展的同时，尊重自然生态的平衡、社会结构的多元以及个体间的差异与独特性。简单来说就是追求天地人之间的和谐共生，在差异中寻找共识，在多样中寻求统一。它鼓励我们以宽容的心态去接纳不同，以合作的精神去促进共同发展，从而走出一条"和而不同"的康庄大道。

人类的精神文化是一条历史长河，虽然有变化、更新，但前后连续，绵延不断。其中许多优秀的东西会超越时空，表现出惊人的生命力，给我们以永恒的启示。先秦时期产生的"和而不同"思想就是一例。

事物的多样性决定了相互间的共生关系。人是群体性生存的社会动物，人们不仅要处理好与自然万物的关系，还要处理好人与人的关系。凡是有人群的地方，都存在人与人是否和谐相处的问题，所以，"和而不同"对我们今天的社会仍有指导意义。实际上，由于人与人之间、群体之间、民族或国家之间的竞争、矛盾、冲突往往难以避免，如何协调关系，创造一个共同发展的良好秩序和环境，就成了人类社会始终追求的目标。可以说，是不和的现实问题产生了对"和"的需要。

---

① (春秋) 老子. 道德经 [M]. 上海：上海古籍出版社，2023.

"和而不同"是中国传统文化的核心理念和基本精神,从个人道德修养的角度来讲,彰显了道德修养良好的君子,能够以自己良好的道德修养协调各种矛盾,虚心听取别人的意见,择善而从之,使事物处于和谐的状态。因此,"和而不同"所蕴含的哲学意蕴及其德育价值,可以为新时代大学生德育的教育内容提供三方面的启示。

(一)承认、尊重和维护多样性

现代社会的发展趋势是对人的权利、人格、个性越来越重视。1948 年 12 月 10 日,联合国大会通过了《世界人权宣言》,强调"人人生而自由",每个人都享有自由权。1993 年 9 月,世界宗教会议通过了《全球伦理宣言》,该宣言郑重强调"每一个人均拥有不可剥夺和不可侵犯的尊严,个人、国家和其他社会实体均有责任尊重并保护每一个人的尊严"。

孔子的"己所不欲,勿施于人"被称为"金规则",是奠定伦理的基本原则。科学家已经证明了生物多样性对维护生态平衡和生物的持续发展有着极其重要的意义。同样,人类社会的持续健康发展也基于每个人的自由发展和文化的多样性。尊重人的自由,就意味着尊重与我们不同的个性、生活方式、思想观念、兴趣爱好等,也就是"和而不同",尊重多样性。人们常用"个性化时代""多元化时代"来概括当今社会的特点。其实社会越发达、越先进,也要求人们有更高的民主、自由、人权意识,更宽容地面对多样化的世界,学会与各种不同的人相处。如果一个人不容忍多样性和差异性,不能以宽容、平和的心态待人接物,排斥一切不同的东西,那就会变得孤立、自闭,很难健康地生存下去。

(二)在相互依存和矛盾斗争中求发展

合作与竞争贯穿了人类进化史,两者关系紧密,犹如一枚硬币的正反两面。然而,许多人过分夸大了竞争的作用,尤其是达尔文进化论问世以来,部分学者将竞争看作社会发展的唯一动力,这无疑是片面的。多次种族灭绝和恐怖袭击都在展现过度强调弱肉强食的可怕后果。正如老子所主张的"和而不同",在对待竞争时一定要坚守道德底线,杜绝恶性竞争。举例来说,第二次世界大战时轴心国曾妄图以绝对的武力征服世界,通过侵略的方式为自己的国家争取更大的生存和发展空间,在全世界范围内燃起战火,最终落得一败涂地的下场,还给全世界人民带来了难以磨灭的伤痛。第二次世界大战结束后它们通过发展科技来增强经济实力,用和平的贸易竞争方式把产品、技术和资本推向世界,取得了很大的生存空间。另一方面,对弱势群体,对比较落后的国家、民族、地区还要扶持帮助,让他们也能得到发展,不断改善生存条件,提高生活质量。"和而不同"蕴涵着共同发展的思想,在多样性、差异性存在的前提下,各种事物、各个民族、各个国家、各个人相互尊重、共同发展。不管是相反相成,还是相辅相成,最终目的是万物共生、繁荣兴旺。

(三)人与自然和谐相处

人与自然和谐相处是中国古代传统哲学的重要议题,无论是儒家的天人合一还是道家的"道法自然"都体现出先贤们对人与自然和谐相处的重视,对身处现代社会的我们有重要的启发意义。自然是人类赖以生存的家园,是人类必须爱护的重要事物。然而,近代工业革命浪潮席卷而来,人类观念逐渐偏离正轨,部分人将自然视为无尽的资源宝库与财富源泉,视其为待改造与掠夺的对象。在这种思维驱使下,人类贪婪地砍伐森林、挖掘矿产,肆意破坏生态平衡,导致水源污染、空气浑浊,自然环境急剧恶化,人类自身的生存安全亦面临前所未有的挑战。这种短视的"竭泽而渔"式开发,无异于自毁长城,最终将迫使人类失去赖以生存的家园。幸运的是,随着一系列触目惊心的自然灾害,现代人开始注重保护自然,深刻认识到尊重自然、追求与自然和谐共生的重要性。当前,我们倡导的人与自然和谐关系,并非完全否定对自然资源的合理开发与利用,而是强调在开发过程中应秉持适度原则,确保自然界的生物多样性得以维持,自然拥有足够的自我恢复能力,以应对人类活动带来的负面影响。简而言之,就是在追求人类自身生存与发展的同时,确保自然界的万物能够共存共荣。为了人的生存,或者满足人奢侈享受的欲望,无限制地挤压其他生物的生存空间,甚至不惜将一些物种斩尽杀绝,是极不道德的行为。在地球的整个自然生态系统中,人类只是一个组成部分,是生物链条中的一环。如果形成人类一家独大的局面,就会使生态失衡,人与自然不能和谐相处。其结果将是:人如同癌细胞一样疯狂扩张,摧毁了地球生态,也使自己因失去寄居地和其他动植物一起死亡。人类如果不想成为地球的癌细胞,那就要学会与自然做朋友,尊重自然，爱护自然。

二、"厚德载物"的内涵及其德育价值

"厚德载物"语出《易经》"地势坤，君子以厚德载物"[①]，意即君子应该像大地那样宽厚仁德，承载万物。"厚德载物"生动地反映出了中国文化中"德"的崇高地位，闪耀着独属于东方哲学的智慧光芒。先贤们认为"德"是天下的信仰之源，集中体现了国家的合法性和人之所以为人的根本特性。古代帝王在得天下与守天下时也十分注重"修德"，正是他们希望"以德配天"的反映。

从国家伦理来说，无论是诸侯之国，还是卿大夫之家，其存在的合法性基础是"明德"，这是国家之所以为国家的合法性之源。从个人伦理来说，君子安身立命的根据是"盛德"，只有具备"盛德"，才能成就"大业"，这是人之所以为人的人性之源。特别是"盛德"之人，通过努力创业、敬业、合作，为天下人带来恩惠幸福，从而实现人之所以为人的至善价值，乃是显现一个大写的"人"——君子之所以为君子的本质规定。所以，"厚德载物"是中华传统文化的重要内容之一，是中华民族精神的重要特征之一，是中国哲学价值观的核心内容之一。"周虽旧邦，其命维新。""厚德载物"的伦理价值观具有重要的现代意义。在中华民族科学理性日益昌明、经济发展日益繁荣的关键时刻，"厚德载物"作为中国传统文化中的优秀德育思想与资源，彰显了独特的民族特色与气质，发挥了生生不息的生命力。

"厚德载物"伦理价值观标志着周秦时代中华民族主体道德意识觉悟，标志着周秦时代中华民族崇高的使命意识和崇高的理想信念。"厚德载物"伦理价值观贯穿于周秦汉唐以来中华历史的进程，其伦理价值观可以引导当代大学生树立远大的理想，培养敦厚的品德与担当精神，对当代大学生的德育教育具有重大现实意义。"厚德载物"伦理价值观为新时代大学生德育的教育内容提供了以下两方面的启示。

（一）"厚德载物"价值观的人本意义

从主体意识来说，"厚德载物"伦理价值观是中国人之所以成为中国人，

---

① 于海英译注. 易经［M］. 北京：华龄出版社，2017.

中华民族之所以成为中华民族，而区别于其他民族的文化标记。就像历史上的希腊哲人崇尚理性，以知识为美德，形成"重智"的文化性格一样，历史上希伯来圣徒信仰上帝，以救赎为目标，形成"重神"的文化性格，历史上的中国哲人崇尚德行，认为"大学之道，在明明德，在亲民，在止于至善"，形成了"重德"的文化性格。这种"敬德保民""厚德载物"的"重德"文化性格，是中国人的一种崇高的人文精神。正如叔孙豹"三不朽"所言，立德是第一位的。如何立德？《易经》说："君子以果行育德"，"以振民育德"，"以反身修德"[①]。立德就是明德，就是亲民，就是把人的价值放在第一位。其现代意义在于以下三个方面。

1. "厚德载物"是坚持以民为本的价值观

就经济活动而言，"厚德载物"就是坚持以民为本的价值观。在现代社会中，生产过程是产品和服务的产生，而产品和服务生产的目的是人。把"民生"放在第一位，称之为"义"，而把"利润"放在第一位，称之为"利"。"厚德载物"以人为本的价值观就是"重义轻利"。就企业而言，企业的使命就是将顾客价值放在第一位，其次是员工的价值，然后考虑股东以及其他相关者的利润，将"利润"看作是为顾客提供了产品和服务的一种回报而已。

2. "厚德载物"是坚持立党为公、执政为民的价值观

就政治活动而言，"厚德载物"就是坚持立党为公、执政为民的价值观。中国古代形成了"礼仪之邦"的国家伦理，也就是统治者在"民心"与"财货"之间重视得民心，重民轻财，民为邦本，甚至是民贵，社稷次之，君为轻。《尚书·周书·蔡仲之命》说："皇天无亲，惟德是辅。"[②]《离骚》说："皇天无私阿兮，览民德焉错辅。"[③]在他们看来，上天并不偏爱一家一姓，而是辅助有美德的人。这种民心为本的价值观，在现代社会中也具有现实意义。社会主义民主政治的建设，涉及全体社会成员的根本性、全局性问题，如管理社会公共事务、维护协调社会秩序，保护生存空间安全，开展对外交往，防止外来侵略。所有这些活动的目的，都是要将人民的价值放在第一位，取得民心。立党为公，执政为民，这是政治合法性的基础。

---

① 于海英译注. 易经［M］. 北京：华龄出版社，2017.

② 徐奇堂译注. 尚书［M］. 广州：广州出版社，2001.

③（战国）屈原. 楚辞［M］. 哈尔滨：北方文艺出版社，2019.

3."厚德载物"把人的自由和全面发展作为根本目的

就文化活动而言，"厚德载物"就是把人的自由和全面发展作为根本目的。"厚德载物"伦理价值观在文化活动上，要求在价值理性与工具理性的选择上，把价值理性放在第一位，不是把人当作工具，而是把人当作目的。欣赏美妙音乐的耳朵，欣赏美术作品的眼睛，追求至善的心灵，追求真理的信念，都与文化熏陶与教育有密切关系。"厚德载物"就要使人在对艺术的审美上、德行的完善上和真理的信仰上具有较高的追求，唤起人的主体能动性。培养人具备修身、齐家、治国、平天下的人文素质，使人得到自由与全面的发展。

（二）"厚德载物"价值观的现代意义

"厚德载物"伦理价值观追求"盛德大业"或"崇德广业"。这是一种崇高的人生使命意识，这一人生使命意识具有现代意义。

第一，"厚德载物"伦理价值观，引导新时代大学生学习崇高的敬业精神。《易经》中讲："观天之神道，而四时不忒。圣人以神道设教，而天下服矣。"[1]观察天下的造化之道，四季周而复始不变，圣人能够体认到这种玄妙的道理并用以教化众生，从而为人民所使用。天道显现它的仁爱，潜藏它的功用，鼓动万物却不和圣人一起操劳担忧，隆盛的美德，伟大的事业，可以说是达到极限了！追求德行的长久，事业的壮大，这是一种敬业精神的世界观。就主体方面说，有盛德就能凝聚人心，团结各种力量，使事业长久；就客体方面说，事业能取得成功，就能激励人不断前进，把事业发展壮大。在"盛德大业"的思想中，不是德业分离的，也不是重德轻业，而是德与业的相辅相成，相互统一。"德"通过"业"而体现，"业"通过"德"而成全，二者不可分离。离开了"业"的"德"是空洞的道德说教；离开了"德"的"业"可能利己害人，甚至害人害己。只有"盛德"与"大业""崇德"与"广业"的统一，才能"以德配天"，实现崇高的人生使命。

第二，"厚德载物"伦理价值观，引导新时代大学生学习勇于开拓创新的精神。《易经·系辞上》说："盛德大业，至矣哉！富有之谓大业，日新之谓盛

---

[1] 于海英译注. 易经［M］. 北京：华龄出版社，2017.

德，生生之谓易。"①可见，开拓创新是中华民族几千年的古训，是中华民族精神的灵魂，也是中华民族得以发展的动力。世界本身就在不断变化与发展之中，是一个变化因素。开拓创新精神就是与时俱进，适应世界上各种事物的演变过程，永不停留。尤其是进入信息时代、知识经济时代，全球化的竞争，使得创新能力成为取得成功的法宝。理论创新、制度创新、技术创新，成为现实的需要，这就要求打破旧的理论框架，打破陈规陋俗，打破落后的思维方法的局限，进行"创造性发展"，创造出新的东西来。开拓创新精神从其思维形态上说，是一种超越的理性主义：它超越常人的意识与思维，发现宇宙的真理和奥秘；超越常人的意志与判断，捕捉各种成功的潜在机会；超越常人的感觉与情感，发现潜在的价值与利益，把生产力和资源的产出从较低的领域转移到较高的领域中去。

第三，"厚德载物"伦理价值观，引导新时代大学生学习群体合作精神。在上古社会，人类的合作是在"九族"的范围之内，也就是氏族之间的协作；在封建社会，人类的合作是在五伦范围之内，即父子有亲、君臣有义、长幼有序、夫妇有别、朋友有信；而在现代社会，人类的合作则超越家庭民族的限制，进入世界市场和全球化范围，人们打破了人的依赖以及对共同体的依赖，在物的中介即商品、货币、资本的基础上，通过血缘、地缘、业缘、物缘开展广泛的联系，这就需要一种兼容并包的合作精神，扩展自己的生存空间。

三、"居仁由义"的内涵及其德育价值

孔子说："逝者如斯夫，不舍昼夜。"②生动地体现出时间流逝的客观性，光阴长河滚滚流逝，总有些人始终坚持着自己的人生信念。有人矢志不渝地弘扬国学，视传承为使命，让古典智慧的光芒在现代社会熠熠生辉；有人身体力行，沉浸于经史子集之中，在字里行间寻觅着先贤的足迹与智慧；有人渴望在纷扰尘世中寻觅一片精神净土，向往着那份超脱与宁静。这些人所做的事正是孔子、孟子等先贤思想生命力的生动体现。这些跨越千年的智慧之光，不仅照亮了历史的长河，更在当今社会找到了新的土壤，绽放出更加璀璨的光芒。

---

① 于海英译注. 易经 [M]. 北京：华龄出版社，2017.

② 刘兆伟译注. 论语 [M]. 北京：人民教育出版社，2015.

德国著名学者卡尔·雅斯贝斯提出了一个极具洞察力的"轴心时代"理论，该理论主张，在史前与古代文明之后，在公元前 800 年至公元前 200 年的广阔时段内，全球几大核心文明共同经历了一场"超越性的飞跃"，实现了从文化萌芽至高级形态的蜕变，各自铸就了独树一帜的文化。在中国这片古老的土地上，孔子与老子的思想光芒尤为耀眼，墨子、庄子、列子在内的众多哲学流派及诸子百家也在同一时期绽放属于自己的光彩。自此之后，每当人类文明迈向新的高峰，追溯其精神源泉，总能归结到"轴心时代"去。"轴心时代"的理论为目前传统文化热提供了一个理解的视角。新时代的中国正处在一个大力发展的时期，需要从传统中汲取营养，需要从传统中寻找精神动力。孔孟的"仁义"思想就是十分有借鉴价值的传统思想，我们可以从中汲取经验和智慧。

孟子主张追求内心的"道"，他在《孟子·公孙丑上》中说："恻隐之心，仁之端也；羞恶之心，义之端也。"[1]在孟子的论述中，"仁"与"义"总是形影不离，这也标志着孟子在孔子思想基础上作出了重大突破，他将仁理解为不忍之心，将义理解为羞耻之心，并将二者作为基本的道德标准。"仁义礼智，非由外铄也，我固有之也"[2]，孟子主张人性本善，他认为人性四要素之一的"义"，是每个人天生就具备的，潜藏在人的内心深处。换言之，这种"义"就是人们内心深处的"良知"，是普遍存在于人性中的美德。通过深入挖掘人的本性，人们只需顺应内心的仁、义、礼、智的方向去发展，遵循内心对"义"的认知去判断自己的行为是否符合规范，就能逐渐增强自己的道德自觉和自律，逐渐走向更高的仁的境界。这就是孟子所主张的"居仁由义"。孟子与孔子一样重视仁义，并进一步探索了它们的起源。他运用性善论来阐述"义"，这为确立"义"的重要价值和地位打下了坚实的基础，也为后期宣扬符合"义"的道德规范标准提供了理论基础，为人们提供了一个内在的、自我驱动的道德行为指南。

孟子在《孟子·滕文公下》中说："居天下之广居，立天下之正位，行天下之大道；得志，与民由之；不得志，独行其道。富贵不能淫，贫贱不能移，

---

①（战国）孟子. 孟子［M］. 哈尔滨：北方文艺出版社，2019.

②（战国）孟子. 孟子［M］. 哈尔滨：北方文艺出版社，2019.

威武不能屈，此之谓大丈夫。"①朱熹在《四书章句集注》中将这几句解释为注为："广居，仁也。正位，礼也。大道，义也。"②重点阐述了居仁由义的重要性。《孟子·尽心下》中还说："仁也者，人也。合而言之，道也。"③儒家强调人与人之间应建立道德联系，彼此之间应保持温馨和谐的互动关系。当一个人以仁爱之心对待他人时，往往会得到对方的回馈。因此，儒家认为个人应该不断培养内在的浩然之气，以道义为行为准则。在行为上，应当时刻保持正直，无愧于天地良心。孟子进一步指出，人的言辞未必句句真实可靠，行为也未必始终如一，但应当以道义为指导，按照道义的要求来行事。在面对人生的种种困境时，人们应当坚守内心的原则，不屈服于外在的艰难困苦。这种坚守不仅体现了人的尊严和价值，也是儒家思想中对于人的自我修养和社会责任的体现。因此，每个人都应该时刻警醒自己，以道义为指导，不断提升自我修养，做到言行一致，以实现个人与社会的和谐共处。

从人本的角度出发，"居仁由义"的思想为新时代大学生德育的教育内容提供了以下三方面的启示。

（一）引导大学生具有爱心

人类处在这个世界上，应该用什么样的态度去生存，不应该是仇视、怨恨、焦虑或者颓废，爱是我们最适宜的答案。它使我们能够立足于生活之中，热爱一切，注意一切，明察一切。而没有爱心的人，往往总是什么都不在乎，什么都不想理解，什么都不想做。爱心使我们在遇到困难和挫折时看到希望，充满理想和勇气，走过艰难和坎坷，实现自己的人生目标。孔孟的"居仁由义"思想能够加深当代大学生对爱的认知，给他们以人生的启迪。

（二）引导大学生具有责任感

爱不是索取，爱是关心、尊敬、了解和责任，对父母、家庭、社会、国家都是如此，人类社会就是以这种责任为纽带连接在一起的。责任意味着义务，意味着付出，意味着担当。责任可以使当代大学生从稚嫩中摆脱出来，让他们

---

① （战国）孟子. 孟子 [M]. 哈尔滨：北方文艺出版社，2019.

② （宋）朱熹. 四书章句集注 [M]. 上海：上海书店，1987.

③ （战国）孟子. 孟子 [M]. 哈尔滨：北方文艺出版社，2019.

变得成熟起来，理性地对待社会和人生，并勇敢地面对应该承担的重任。孔孟思想中的"亲亲、仁民、爱物"等正是关于人生责任的表述，它是中国文化最重要的源头，引导大学生深入理解其内涵，可以引导大学生成为勇于担当民族复兴大任的时代新人。

（三）引导大学生具有道德感

现代社会是法治社会，这是人们共同的认识。但是人类社会是复杂的、多元的，法律并不能解决一切问题，普适的道德观念依然是我们社会生活中不可或缺的内容，法律和道德规范就像车之两轮一样不可偏废。大学生需要正视道德规范，认识道德观念，认同社会伦理，约束自己的行为，主动融入社会之中。

四、"孝悌为本"的内涵及其德育价值

《论语·学而》中说："其为人也孝弟，而好犯上者，鲜矣；不好犯上而好作乱者，未之有也。君子务本，本立而道生。孝弟者也，其为仁之本与！"[①]（其中"弟"通"悌"）意即，孝顺父母，友爱兄长的人少有喜欢冒犯长者的；对上级怀有谦卑之心却喜欢违法乱纪的人是不存在的。君子致力于解决根本问题，根本问题解决了正确的道路自然就显露出来。孝顺父母，友爱兄弟就是仁的根本所在。从这段话中我们可以看出孔子对孝悌的推崇，他认为一个能恪守孝道，与父母兄弟和睦相处的人就达到了根本的道德要求，可以称得上是"仁"了。我国自古以来就有"百善孝为先"的说法，民间也流传着许多与孝顺有关的故事。一个重视孝道的家庭往往关系稳固，家庭成员之间感情深厚。相反，若家庭中不重视孝道，家庭成员间就易生矛盾，关系也容易破裂。每个家庭都是社会的基本构成单元，家庭的和谐与否直接关系到社会能否实现稳定与和谐。从宏观角度看，孝悌不仅是一种家庭伦理观念，更是道德仁爱的根本。那些在家庭中注重孝道的人，自然会培养出仁爱之心，这类人往往能够推己及人，以仁爱之心对待整个社会。

孝悌本源于原始的血亲之爱，至西周而成为一种正式的人伦规范和礼仪制度。由于它不仅涉及家庭伦理，而且与社会伦理有密切的关系，所以具有超越

---

① 刘兆伟译注. 论语［M］. 北京：人民教育出版社，2015.

时空的特殊性，古往今来，中国文化圈内，孝悌受到了特别的重视。孝悌文化已作为一种民族道德观念和文化心理深深地积淀在中国人民的心中。在建设社会主义道德的今天，我们必须汲取传统孝悌文化的精华，树立一种尊老爱亲、长幼有序、家庭美满、社会和谐的社会主义新风尚。"孝悌为本"的思想为新时代大学生德育的教育内容提供了以下三方面的启示。

（一）培养大学生的感恩意识

1. 心怀感恩

人是文明的动物，善心不可无。人也是感情动物，感恩之心应有。中国绝非没有"感恩"的传统，民间流传很广的"乌鸦反哺""羊羔跪乳"的谚语，文人墨客写下的"谁言寸草心，报得三春晖"的名句，都体现了我国传统文化对感恩之心的重视。

感恩是一个既亲近又陌生的概念，是中华传统美德之一，我们每个人从小就在接受着感恩教育。"谁知盘中餐，粒粒皆辛苦"，"抱怨短，报恩长"，这样的诗词俗语传承着中华民族对感恩的认同和崇尚。感恩，是社会上每个人都应具有的基本道德准则，是做人的起码修养。人们通过一代代的血脉传承，将感恩这一美德烙印进每一位中华儿女心中，感恩之心在漫长的历史进程中始终发挥着团结宗族，促进社会和谐的作用。然而，如今的我们与感恩一词又有些陌生，许多报道忘恩负义事例的新闻揭露出越来越多的人丧失了感恩之心。每个人的成长过程中都受到过许多帮助，从小时候父母的养育之恩，到上学后老师的教导之恩，再到工作以后受到同事、领导的帮助之恩，等到年老体衰，日常生活中不免接受后辈们的照顾之恩。这些帮助和恩情贯穿了人的一生，学会感恩实际上就是对自己的一生抱有感激之情，这种感激之情有利于个人的成长成熟和社会的健康发展。

因此，在中国特色社会主义新时代，需要引导当代大学生铭记经典的伦理规则和情感，学会感恩，培养新时代的大学生以家国情怀的文化精神追求作为个人成才报国的强大精神力量，以更加饱满的精神状态投入到社会主义现代化建设事业中。

2. 学会感恩

一个不知道感恩的民族是没有前途的民族。对孩子的感恩教育，是要从小开始的。要让感恩之心如涓涓细流浸润每个孩子纯洁的心田，让他们感激父母生养之恩，感激师长教诲之德，感激友朋关爱之谊，感激生活赐予的快乐幸福甚至挫折苦难。

感恩是一种重要的生活态度，它体现了对他人善意的积极回应。在人际交往中，感恩是一种基本的道德修养，是对他人给予的恩惠心怀感激，并以此作出回馈的表现。它不仅是对他人优点的认可和欣赏，更是一种心灵的温暖和情感的黏合剂。用放大镜去观察他人的优点，用温暖的阳光去照亮周围的世界，这就是感恩的真正含义。在生活的每一个时刻，我们都应该学会感恩，珍惜他人的付出和帮助，让感恩之心成为我们与他人之间情感的桥梁。

引导新时代的大学生学会感恩，可以通过多种感恩实践方式进行。首先通过家庭、学校的教育，让大学生懂得知恩，实践感恩。引导大学生实践感恩，其实就是让他们学会懂得尊重他人，对他人的帮助时时怀有感激之心，让他们学会关心。当子女接受并感谢他人的善行时，才能知道今后自己也应该这样做，家长有责任给子女这种行为上的暗示，让他们从小知道关爱别人、帮助别人。引导子女学会感恩，先要让他们学会知恩，理解父母的养育之恩、师长的教诲之恩、朋友的帮助之恩、社会的关爱之恩。其次要引导、培养大学生成为一个有爱心的人，给他们创造一个爱的氛围。学校可以组织各项实践活动，通过参与活动，大学生在互助协作的过程中，善于帮助别人，让大学生理解助人为乐的真正内涵。

3. 感恩父母

"父兮生我，母兮鞠我。抚我畜我，长我育我，顾我复我，出入腹我。欲报之德。昊天罔极！"[①]意思是说有一种爱，即使我们付出所有也报答不了，那就是父母的爱。

"身体发肤，受之父母"，每一个人依托父母来到了这个世界上，同时又要依靠父母的养育才能成长自立。没有父母的惠赐，就没有子女的一切。所以子女首先应感激父母，孝顺父母是每个人的首要义务。"受人滴水之恩，当以涌泉相报"，从感情上讲，子女对父母的感恩之情应当是发自内心的，是一种自然而然的情感需要。

---

① 张南峭校注. 诗经 [M]. 郑州：河南人民出版社，2020.

中国是一个文明古国，自古讲求孝道。孔子言："父母之年，不可不知也。一则以喜，一则以惧。"[①]也就是讲，父母的身体健康，儿女应时刻挂念在心。孝，为人之本也，只有懂得感恩父母的人，才能算是一个完整的人。在感恩父母的时刻，第一时间感谢赐予他生命的父母。并不一定要等到自己做了父母，才去理解父母。应及早反省，我们能够在世上生存、学习、人际交往，能体会人间百味，都与父母有着或多或少的联系。所以报父母恩，是做人最基本的要求。作为子女，要努力进取，不辜负父母的期望。父母对子女最大的期望，先是成人，再是成才，最终有所成就。哪个父母不望子成龙、望女成凤呢？作为有孝心的子女应学会学习、学会处事、学会做人，不负父母的愿望，实现父母的期望，这是最重要的孝行。

因此，要引导大学生培养良好的行为习惯，让他们以学习为乐，发挥自己的特长，懂得感恩父母，让父母以他们为骄傲，让大学生明确孝敬父母是高尚的品德修养。

（二）培养大学生的尊老意识

古有"人孰能不老，百事当以孝为先"的说法。"夫孝，德之本也，教之所由生也。"[②]尊敬老人、关爱老人、帮助老人，是中华民族代代相传的优秀传统美德。中华文化特别强调人伦道德的重要性，注重家庭的和谐与团结。这一文化传统，不仅是民族精神的核心体现，更是我们强大的民族凝聚力的来源。随着社会不断发展，我国人口老龄化程度加深，保障老年人的合法权益，确保他们能够安享幸福、美满、宁静和健康的晚年生活，是社会文明进步的重要标志，也是必须承担的责任。应当致力于为老年人创造一个温馨、安全、和谐的生活环境，让他们在晚年生活中感受到社会的温暖与关爱。

当今社会，随着经济结构的转变和竞争压力的增大，孝亲敬老的社会风气在某些地区逐渐减弱。社会整体养老情况令人担忧，一些家庭尽管子女众多，但老年人的生活仍然面临困难。此外，许多空巢老人孤独地生活，缺乏陪伴和关怀，十分寂寞。这个问题值得高度关注。孝敬老人不仅是要提供物质上的支

---

① 刘兆伟译注. 论语［M］. 北京：人民教育出版社，2015.

② 詹杭伦译注. 孝经［M］. 南京：江苏人民出版社，2019.

持，更是给予他们精神上的慰藉。物质上的供养是基础，而精神上的敬重则是重点。真正的孝道应当是养与敬的完美结合。只有这样，才能确保老年人在晚年得到应有的尊重和照顾。必须采取积极的措施来改善养老孝老的情况，让老年人的生活更加幸福、有尊严。

父母给予我们生命，赡养父母是每个人应尽的义务。孔子强调"老有所养"的理想社会，孟子也主张"老吾老以及人之老"，体现了人类发展中一种不可推卸的责任。儒家的孝道不仅重视对父母和老人的赡养，同时还高度重视对老人的尊重和关怀。儒家孝道的积极意义就在于从道德亲情层面给老人以尊重和关怀，孔子说："今之孝者，是谓能养。至于犬马，皆能有养；不敬，何以别乎？"[①]孔子的话说明了"敬"对人的重要性。所谓的"敬"是一种高于物质供养的精神慰藉，对于老人来说，得到心灵的慰藉比得到物质上的供养更为重要。老年人年老体弱，他们虽然有成熟的思想，但心灵往往十分脆弱，容易受到外界影响，这就让他们更渴望得到精神慰藉。针对这种情况，要密切关注老人的心理状态，及时给予他们情感上的关心。因此应该做到"居则致其敬，养则致其乐，病则致其忧"。虽然现代社会的福利养老制度已经或正在建立，但它所强调的只是制度和规则，缺少道德情感方面的关怀，因此儒家这种以亲情为基础的道德标准，正是构建现代社会福利养老制度的最有益的补充。

当然，在尊老敬老中还应当包含这样一种内容，即"事父母几谏"，父母有了错，子女应该以温和的方式加以劝导，但必须掌握适当时机，运用委婉的言辞以期父母乐意接受。作为子女能在父母有不义行为时，不听之任之，而是以温和的方式劝阻他们，使他们及时"匡救其恶"，既维护了家国的总体利益，也维护了父母个人的形象和荣誉。赵岐在解释孟子提倡的孝道时讲道，"不孝有三"，其一是指"阿意曲从，陷亲不义"，很明显，对父母的阿意曲从、毫无是非观念，自然会陷亲于不义，足见劝导的重要。

"老吾老以及人之老"，慈善行及至亲，但不应仅此为止。在现代社会大力推广孝道有助于营造良好社会风气，建设社会主义和谐社会。

"老吾老以及人之老"，引导新时代大学生弘扬中华民族"尊老敬老"的优良传统，主动积极参加敬老爱老实践活动，主动帮助老年朋友们健康愉快地度

---

① 刘兆伟译注. 论语［M］. 北京：人民教育出版社，2015.

过每一天，让老年朋友们安享幸福晚年，使老年朋友们真正远离孤独，是构建社会主义和谐社会的重要体现。

（三）引导大学生理解和谐的意义

在新时代，国家和谐、社会和谐与家庭和谐密不可分。而家庭和谐与孝悌文化的普及程度亦密不可分。应当通过课堂主渠道与课外实践活动，让更多的新时代青年接受孝悌的教育与感染，让中华孝悌文化绵绵不断地流传下去，为和谐社会的建设发挥作用。

构建社会主义和谐社会需要各方共同努力，共同为这一宏大工程贡献力量，这一工程涉及社会各个阶层，旨在让绝大多数人和谐相处，生活在友爱的社会环境中。人们的物质生活水平、知识水平、道德素养水平各有不同，由此产生了许多矛盾，而如何妥善处理这些矛盾正是构建社会主义和谐社会的核心任务。在处理这些矛盾时，孝悌文化能起到重要作用，通过宣传孝悌文化，人们之间的戾气能被消解，人与人之间的关系也能变得更加和谐，由此可见，孝悌文化对构建社会主义和谐社会意义重大。

在构建和谐社会的今天，更应强化孝悌文化，让孝悌文化在人文关怀中延伸，形成一种科学、美好的道德理念，成为对民族、对人民的奉献心和事业上的责任感。我国孝顺友爱的传统美德，是构建和谐家庭不可或缺的要素。同时也是建设和谐社会的重要基石。通过广泛宣传和教育，我们能够深化人们对家庭伦理的认识，进一步推动社会风气的正向转变。在传承和弘扬孝悌文化的过程中，有以下四点需要注意：

第一，要将孝悌文化摆到重要位置，让民众意识到孝悌文化的重要性。想要真正传承和弘扬孝悌文化，首先要做的就是让民众了解孝悌文化对构建社会主义和谐社会的重要意义，只有民众真正认可了孝悌文化，他们才会身体力行，让孝悌文化发挥最大的作用。

第二，要利用各种渠道宣传孝悌文化，营造良好的社会氛围。如今是信息化时代，各种新媒体层出不穷，在宣传孝悌文化时，要重视这些新渠道，全方位、多角度营造崇尚孝悌文化的社会氛围。一方面，要充分发挥家庭在弘扬孝悌文化中的作用。家庭具有天然的孝悌教育的资源优势，孝悌文化是每一个家庭得天独厚的精神财富。家庭在弘扬孝悌文化、传播孝悌情感方面的作用和力量是其他渠道所无法比拟的。人们在家庭中培养出的孝悌观念是他们在社会上关心同事，忠于祖国的基石。另一方面，要把"孝悌"的教育纳入高校德育体系，在学校开展孝悌文化教育，通过多种教育方式，唤起广大学生的"孝悌心"。因为孝悌是对新时代青年非常重要的道德要求，孝悌友爱的教育是最基础的道德教育。我国古代就有把孝悌列为学校教育重要内容的传统。大学生是社会中最活跃的群体，在弘扬孝悌文化的过程中，要充分发挥大学生的主观能动性，通过培养大学生的孝悌观念营造社会层面崇尚孝悌文化的氛围，让人人都生活在友爱与温馨的氛围中。

第三，"五刑之属三千，而罪莫大于不孝"[1]。社会应该对一切不孝不悌行为进行强烈的谴责，理直气壮地反对。要形成强大的社会舆论，批评和揭露社会上存在的不孝不悌行为。对于构成违法犯罪的，要坚决依法予以惩处。

第四，要与时俱进，不断赋予孝悌文化符合新时代要求的新内容、新精神。时代是不断发展的，社会是不断进步的，孝悌文化也是随着社会的进步而不断发展的。如今，越来越多的人意识到父母与孩子是平等的，在传统孝悌观念中子女对父母的"孝"之外，父母对子女也应该抱有"慈"的态度，只有双方处于平等的位置，才能实现真正的孝悌。

"孝悌"文化的本质就是上下辈之间、同辈之间相亲相爱、相尊相敬的文化，是社会的最小单位——家庭承担养老责任的文化。要让"孝悌"文化融入社会主义核心价值体系与和谐文化的建设当中，形成中国社会不同成员之间相亲相爱、相尊相敬的浓厚氛围，促进和谐社会的建设和可持续发展。

总而言之，德育教育应引导新时代大学生弘扬中华民族"孝悌"文化，积极继承传统"孝悌"文化的精华，加强对孝悌文化的传承与发扬，成为"孝悌"文化教育的主动传播者。

五、"忠诚报国"的内涵及其德育价值

忠诚报国思想所包含的爱国主义精神是中华民族精神的重要组成部分，是民族凝聚力和向心力的源泉。在中华民族的精神中，"忠诚"始终占据着重要的地位，贯穿于整个民族的历史发展。当提及"忠诚"这一概念时，许多人的

---

① 詹杭伦译注. 孝经 [M]. 南京：江苏人民出版社，2019.

第一反应就是封建社会中的君臣关系,将臣子对君主的绝对服从视为忠诚的典范。然而,这种理解其实是片面的,因为它将"忠诚"与"忠君"直接等同起来,从而忽视了忠诚的更深层次含义。事实上,"忠诚"并非仅仅是对君王或国家的单向无条件服从。它更是一种全面的、多层次的价值观念。忠诚不仅体现在对国家、对社会的责任感上,更体现在对他人、对自己的尊重和诚实上。这种全面的忠诚观念才是"忠诚"思想的关键所在。辩证地继承中国古代的忠诚观念,形成忠于祖国、忠于人民、忠于职守的新道德观念,发扬勇敢进取、坚忍不拔的奋斗精神,对建设社会主义现代化强国具有重要的意义。

(一)忠诚观念的历史影响

先秦时期,忠诚作为一种普遍的伦理规范和道德要求,贯穿于人们的日常生活、行为举止以及政治治理之中。然而,自秦汉大一统之后,忠诚的伦理范围被限定在君臣关系上,逐渐演变为仅针对臣子对君主的政治道德。这一转变也标志着封建专制制度的逐渐成熟。

具体来说,这一历史文化的变迁是如何实现的呢?从本质上讲,忠诚的原始含义就包含了公私之别的概念。在传统的社会中,"公"与"国"是相互关联的,人们效忠于国家,实际上也是在效命于君主。因此,"忠"的伦理与忠君之间存在着天然的内在联系,这也决定了其思想内涵的演变方向。当中央集权的君主专制制度确立后,君主被赋予了无上的权威。当君权达到顶峰,所有事务无论大小都由君主决定时,忠诚的内涵便不可避免地向忠君演变。这一过程虽然不是一蹴而就的,但却是历史发展的必然结果。在这个过程中,"忠"的内涵逐渐被限定在单一的君臣关系中,成为一种单向度的政治道德。尽管如此,我们仍需认识到,"忠"作为一种伦理规范,其原始含义中包含的公私之别的思想,以及人们对待国家的态度和行为,仍然具有深远的意义。它们构成了我们理解"忠"的历史文化内涵演变的重要基础,也为今天理解和处理人与人、人与社会、人与国家的关系提供了宝贵的思想资源。

在春秋战国时期,社会经历着巨大的变革与动荡,众多士人四处漂泊,他们所追求的更多的是能够被君主赏识,在权谋中寻求个人的荣华富贵。在那个时代,人们尚未形成明确的忠君与爱国观念,个人的价值更多地体现在其能否为王权所用。儒家学派在探讨这一时期的君臣关系时,着重强调了这时君臣关系中的相互性。他们不认为君臣关系仅是一种单向的道德义务，即臣子对君主的忠诚，而是一种双向的、相互依存的关系，需要君主与臣子共同维护和尊重。随着秦汉"大一统"帝国的建立，为了适应封建专制统治的需求，董仲舒对韩非子的忠君思想进行了深入的研究与发展。他进一步强化了"忠"的政治化和等级化特点，这使得忠君思想在帝国统治中占据了更为重要的地位，也使臣子对君主的忠诚变得更加严肃。比如"孝子之行，忠臣之义，皆取法于天""孝子之行，忠臣之义，皆法于地也""臣不忠而君灭亡""臣不可以不忠"①，等等。"忠"在这时已经显露出强制性。董仲舒在《春秋繁露·天道无二》中说："心止于一中者，谓之'忠'，持二中者，谓之'患'。"②这是他关于"忠"的理论中最引人注目的观点。他又说："'患'，人之中不一者也，不一者也，故'患'之所由生也。是故君子贱二而贵一。"③

唐宋时期，"忠"的概念被严格限制在君臣之间，并带上了强烈的"愚忠"色彩。强调即使君主的言行做派不像一国之君，而作臣子的却不能不按臣子自居。"忠"将臣子和百姓笼罩在至高无上的君权之下，逐渐剥夺着他们的独立人格，让他们的奴性逐渐加深。

明清时期，君主专制达到顶峰，此时的"忠"几乎与"愚忠"画上等号，成为一个消极概念。顾炎武、王夫之等学者注意到这一现象，他们将"忠"的概念重新诠释，试图阻止这一概念的彻底盲目化。他们并没有完全否定"忠君"，但指出"忠"所指向的"君"应当是受万民拥戴的明君，是公义的化身。在这个基础上，顾炎武等学者还将君王的私欲和天下大义作了区分，他们的观念在当时引起了不小的轰动，有效地阻止了"忠"这一概念的极端化和盲目化，对"忠"这一传统精神的传承与发展意义重大。

在中国封建社会片面强调大臣对君的绝对效忠和服从，甚至走向愚忠观念的同时，还必须看到，由于受先秦忠诚观的影响，仍然有一些重要的思想家和开明的政治家，强调"以道事君"，推崇纳谏、"正君"，效忠国家和民族。《史记·赵世家》中肥义说："贞臣也难至而节见，忠臣也累至而行明。"④《忠经》

---

① （西汉）董仲舒. 春秋繁露 [M]. 呼和浩特：远方出版社，2005.

② （西汉）董仲舒. 春秋繁露 [M]. 呼和浩特：远方出版社，2005.

③ （西汉）董仲舒. 春秋繁露 [M]. 呼和浩特：远方出版社，2005.

④ 张南峭校注. 诗经 [M]. 郑州：河南人民出版社，2020.

说："忠也者，一其心之谓也。为国之本在忠，忠能固君臣、安社稷、感天地、动神明。"[1]讲天地无私覆，"仁之所履，莫大乎忠"[2]。忠的标准不仅是殉国忘家，而且还要出谋划策，选贤用能。"苟利社稷，则不顾其身。"[3]《忠经》对百官提出了具体要求："在官惟明，莅事惟平，立身惟清，清则无欲，平则不曲，明能正俗。"[4]其中又提出："报国之道有四，一曰贡贤，二曰献猷，三曰立功，四曰兴利。贤者国之干，猷者国之规，功者国之将，利者国之用。"[5]认为进贤、献策、立功、兴利是效忠国家的四种途径。《忠经》是古代忠德思想的集大成者，在历史上产生了深刻的影响。唐代魏征，敢于直言犯上，屡逆"龙鳞"；宋代的寇准、明代的海瑞，也都是耿介之臣。范仲淹的"先天下之忧而忧，后天下之乐而乐"，岳飞的"精忠报国"，文天祥的"正气歌"，谱写了他们忠诚报国的壮丽史诗。

近代思想家谭嗣同、梁启超等将先秦时"忠"的积极因素与顾炎武等学者对"忠"的诠释结合起来，并加入了西方近代伦理观中的先进思想，指出"忠"应该更多指向"国"。梁启超强调，每个人都应该忠于自己的国家，而且作为国家管理人的君主应该承担起比人民更重的责任，即"君之当忠，更甚于民"。

民主先驱孙中山先生明确指出，将"忠"理解为封建社会的"忠君"是错误的，真正的"忠"应当是忠于国家，忠于人民的新思想。

在一代又一代思想家们的诠释与改造中，"忠"的概念逐渐脱离了狭隘的"忠君"，转化为了更加理性的"忠诚"。这使"忠"能够在新时代发挥作用，成为值得我们学习的优秀民族精神。

（二）忠诚观念的现代价值

现代社会，我们生活在自由平等的环境中，国家属于每一位公民，所谓的君臣关系早已无从谈起，依托于这种关系的"忠君"自然也就不复存在。新时代中，"忠"的概念转化为爱国主义和对自我、对他人的真诚，是对新时代大

---

① （东汉）马融. 忠经 [M]. 长春：吉林出版集团股份有限公司，2016.

② （东汉）马融. 忠经 [M]. 长春：吉林出版集团股份有限公司，2016.

③ （东汉）马融. 忠经 [M]. 长春：吉林出版集团股份有限公司，2016.

④ （东汉）马融. 忠经 [M]. 长春：吉林出版集团股份有限公司，2016.

⑤ （东汉）马融. 忠经 [M]. 长春：吉林出版集团股份有限公司，2016.

学生进行思想道德教育的重要德育资源。高校可以引导大学生一分为二、辩证地看待传统忠诚的内涵及其精神要义，结合新时代社会主义道德的要求，培育出符合新时代社会主义现代化事业建设需求的人才。

1. "忠于祖国""忠于人民"是对祖国和人民忠诚的体现

爱国主义是中华民族的优良传统，忠于祖国是社会主义道德的重要原则；国家的主人已经从旧时代的君王转化为了每一位国家公民，这也意味着社会主义道德要求的忠诚要以忠于人民为核心，只有坚持忠于人民的根本原则，我们才能团结一致，共同建设社会主义现代化事业。

2. "忠于党""忠于党的事业"是中国公民政治道德的体现

中国共产党是全国各族人民的代表，是为了维护全体公民的利益而存在的党派，忠于党不仅是每一位中国共产党员的使命，更是每一位中国公民的政治要求。大学生是国家未来发展富强的主力军，每一位大学生都应该爱国爱党，牢记社会主义核心价值观，为社会主义现代化事业贡献自己的力量。

3. "忠于职守"是敬业精神的体现

"忠于职守"是现代社会主义道德对人们的要求，通俗来说，"忠于职守"就是要求人们拥有敬业精神。敬业精神不仅是一种对职业的尊重和热爱，更是一种深重的社会责任感和持续的进取动力。敬业精神意味着对所从事工作的全身心投入，它要求我们以诚实劳动为基石，始终坚守岗位，尽职尽责。只有这样，我们才能共同构建一个更加和谐、更加进步的社会。

4. "忠诚待人"是与人为善的体现

"忠诚待人"要求我们与他人相处时，秉持人人平等的原则，拥有契约精神。具体来说，我们在与他人交往过程中要尊重他人人格和基本权利，信守承诺，不能出尔反尔，食言而肥。"忠诚待人"尤其要求对待他人和朋友要态度诚恳，与人为善，为人办事要尽心尽力。

5. "忠于己"是立身为公的体现

"忠于己"这一概念有两方面内容。其一，忠于己是对自我生命崇高敬意，倡导自爱自强，鼓励我们主动跃入生活的洪流，以满腔热忱和无限创意，挥洒汗水，挖掘潜能，在社会的广阔舞台上实现个人价值，让自我成长之路繁花似锦。其二，忠于己是对内心良知的坚守，这份良知，是引领我们向善的灯塔，它指引我们将个人的光辉融入社会的海洋，凭借自身的努力推动社会的发展。

换言之，是将个人的梦想与社会的福祉紧密相连，让个人的每一次努力都成为推动社会进步的力量。

6."忠于理想"是高尚人格的体现

理想是人们前进的原动力，古往今来，许多人的成功都与他们对理想的忠诚有着密切的联系。新时代为青年人提供了广阔的舞台，青年们应当树立远大的理想，并为之付出持续的努力，在遇到挫折时勇往直前，与实现理想路上的阻碍作斗争。

在社会主义道德建设中，大力倡导忠诚报国，深入挖掘中华传统文化中忠诚报国文化资源的有益价值，是高校德育工作者为新时代大学生开展德育、理想与信念教育需要借重和依托的力量源泉，通过深入挖掘和阐发其中忠诚的精神品格与道德理念，使之与当下的大学生德育教育高度融合与对接，能够帮助大学生深入理解社会主义核心价值观。

六、"修身养性"的内涵及其德育价值

先秦伦理文化的内容之一，就是提倡人们修身养性。先秦儒家、道家、墨家、法家都有关于道德修养的思想。这在中国古代一直受到人们的高度重视，可惜现代人热衷于追求身外之物，对于自身心性的关注和修养似乎不太重视。从先秦伦理文化中吸取修身养性的思想和方法，有助于提升新时代大学生的思想道德素养，培养他们成为热爱国家、品德高尚的有志青年，为实现中华民族的伟大复兴贡献自己的青春力量。

（一）引导大学生推己及人

孔子认为，一个人是否能成为善良仁厚的人取决于自己，他说："为仁由己，而由人乎哉？""仁远乎哉？我欲仁，斯仁至矣。""君子求诸己，小人求诸人。"[1]孟子深信，在人的天性中潜藏着善念。他坚信，只要个人立下坚定的志向，自强不息，便能在修行的道路上步步为营，直至圣贤之境。孟子直截了当地阐述了人性本善的哲理，指出每个人心中都蕴含着仁、义、礼、智这四种美德，在孟子看来，仁、义、礼、智，并非外界强加于人们，而是人与生俱来

---

[1] 刘兆伟译注. 论语［M］. 北京：人民教育出版社，2015.

的美德。基于这样的认识，孟子鼓励人们自我挑战，不懈奋斗，便有可能成就如古代圣王尧、舜般的伟大人格。他严厉批评那些自甘堕落、不愿通过自身努力去发掘和培育内在善性的人，称他们为"自贼者"，意指他们主动放弃了自我完善与升华的机会，任由内心的善性被尘世的纷扰蒙蔽，也即"有是四端而自谓不能者，自贼者也"①。这句话体现了孟子的性善论主张，他的性善论是人性化管理和民主政治的理论基础，但它是人们基于自信、理想和信仰的价值论，而不是基于经验或理性的科学认识。

孔子深谙仁爱的真谛，他倡导的"忠恕之道"，是一种十分有价值的道德修炼路径。在他看来，真正的仁者，心怀大爱，视人如己，于细微处见真情。一方面，仁者要做到"己欲立而立人，己欲达而达人。能近取譬，可谓仁之方也已"②。意即在追求个人成就与满足的同时，也应助力他人实现其愿望与理想。这种境界需要以身作则，设身处地，以己之欲推知他人之需。另一方面，仁者要做到"己所不欲，勿施于人"③。这一原则提醒在行为举止间保持对他人的尊重与体谅，避免将自己的不快与负担转嫁他人。这两方面相辅相成，共同构成了孔子仁爱思想的核心框架，引领着人们向着圣人君子的道德高地迈进。在孔子的理论基础上，孟子进一步将"仁"与"义"紧密相连，他认为仁德之人必以义为先，而"仁"之根源，深植于人心中的那份恻隐之情。孟子认为，推己及人不仅是仁爱的表现，更是道德大厦的基石。但令人遗憾的是，孔子与孟子的这一思想瑰宝，往往被血缘亲疏、等级制度及封建礼教的尘埃遮蔽，未能充分展现出其推动社会向人人平等的理想境界迈进的作用。

孔子和孟子这种推己及人的思想，对大学生的德育教育来说具有重要价值。首先，"推己及人"教导大学生在自我发展的同时，不忘关爱他人，营造和谐的人际关系。在当今社会，竞争日趋激烈，但"推己及人"的理念提醒我们，个人的成长与进步并非孤立无援，而是需要在团结合作、互助互爱的环境中得以实现。大学生作为国家未来的栋梁，应具备宽广的胸怀和崇高的道德情操，将个人价值的实现与社会的和谐发展紧密相连。

其次，"推己及人"强调的是一种社会责任感和道德担当。大学生作为新

---

① （战国）孟子. 孟子 [M]. 哈尔滨：北方文艺出版社，2019.

② 刘兆伟译注. 论语 [M]. 北京：人民教育出版社，2015.

③ 刘兆伟译注. 论语 [M]. 北京：人民教育出版社，2015.

时代的中坚力量，应当秉承这一优良传统，以国家的前途命运为己任，关注社会公共事务，积极参与社会实践，将个人理想与国家发展紧密结合起来。在现实生活中，无论是在校园学习还是将来步入社会，都能够以"推己及人"的精神去影响和带动周围的人，形成良好的道德风尚。

最后，"推己及人"体现了中华民族的传统美德，是对社会主义核心价值观的生动诠释。在德育教育中融入这一思想，有助于大学生树立正确的价值观、人生观和世界观，培养他们成为具有道德修养、人文关怀和社会责任感的优秀人才，为社会主义现代化建设作出更多贡献。

（二）引导大学生守住本心

"存心养性"这一道德修养方法起源于孟子。孟子说："君子所以异于人者，以其存心也。君子以仁存心，以礼存心。"①存心就是保存住良心而不使其丢失。君子不同于一般人的地方，就在于能保存住仁义礼智之心。与"存心"相反的叫"放心"。放心就是丢失良心。"仁，人心也；义，人路也。舍其路而弗由，放其心而不知求，哀哉！人有鸡犬放，则知求之；有放心而不知求。学问之道无他，求其放心而已矣。"②再说养性，养性就是养护自己的诚善之性。在某种意义上，存心就是养性，养性也就是存心。存心养性都做好了，就有了成就道德、侍奉上天的基础。这些思想都是来教导人们守住本心。

尽管人人都有与生俱来的良心，但是由于人们赖以生活的社会环境是复杂的，在各种利益、美色、财货的诱惑下，人很容易丢失良心，作出愧对良心之事，甚至于违法犯罪。儒家一贯倡导诚意、正心、修身、齐家、治国、平天下。孟子认为，人们要守住自己的良心，就要不断抵制外在诱惑，自觉进行道德修养。他提出的存心养性的方法有：第一，先立其大。就是以人性中的道德理性为"大体"，以情感利欲之性为"小体"。用"大体"来制约、引导"小体"，即以良心为根本、为主宰，就叫"先立其大"。"先立乎其大者，则其小者弗能夺也。此为大人而已矣。"第二，反求诸己。孟子说："行有不得者皆反求诸己。"意思是，一个人虽努力做事，仍达不到应有的效果和目的，就要多从自身找原

---

① （战国）孟子. 孟子 [M]. 哈尔滨：北方文艺出版社，2019.

② （战国）孟子. 孟子 [M]. 哈尔滨：北方文艺出版社，2019.

因，而不能归结于他人不配合或其他客观原因。从自身找原因又叫"自反"，看是不是符合内心本有的仁、义、礼、智，通过自反才能达到"自得"，也就是道德。第三，知之必行。这里的"必"，既指必然，又指必须。就是说，道德之知与道德之行必须是统一的。"诚者，天之道也；思诚者，人之道也"。至诚不欺，是天之道；反躬而求，真心不二，是人之道。做到了诚实不欺，知行合一，才能成就道德。第四，无愧于心。如果一件事情良心上认为不应该去做，自己还是做了，良心就会因有愧而不安。如果一件事情良心上认为应该去做，那么照此做了良心就会安稳，这叫"仰不愧于天，俯不怍于人"。

"存心养性"这一传统文化中的思想智慧，对于大学生来说，具有非常重要的德育价值。大学生作为国家的栋梁之材，必须时刻守护着自己的本心，坚定不移地走自己的路。这个"本心"就是一个人的初心，是一个人最初的梦想和追求，也是大学生在面对诱惑和困境时，能够坚持自我、不忘初心的力量源泉。

"存心养性"的含义深远，它要求大学生在繁忙的学习和生活中，要时刻反思自己的内心，培养和保持良好的品质和性格。这样，无论外界环境如何变化，都能保持内心的宁静和坚定，不受外界的干扰和诱惑，始终坚持自己的信念和追求。

（三）引导大学生自省慎独

自省慎独，也是古代思想家一直推崇的修养方法和道德境界。自省要求人们在道德修养过程中进行自我审视与自我纠正，这个过程也被儒家称作"思过""内省"。孔子说："见贤思齐焉，见不贤而内自省也。"[①]他认为君子要经常自我反省，一天中要多次审视自己的行为和思想，做到内心无悔无憾。孔子常常因世上能做到自省的人太少而感到遗憾，他强调了慎独的重要性，即无论何时何地，无论是否有人监督，个人都应自觉地以道德标准来规范自己的思想和行为。这不仅是道德境界的体现，更是个人道德修养的实践方法。

自省慎独在今天依然具有不可替代的价值。对于当代大学生而言，他们身处一个充满诱惑和选择的环境，坚守内心的道德底线，在复杂的人际关系中保

---

① 刘兆伟译注. 论语［M］. 北京：人民教育出版社，2015.

持自我，就显得尤为重要。

自省，不仅是对过去的回顾和反思，更是对未来的规划和引导。在大学生活中，学生们会遇到各种各样的挑战和困难，无论是学业上的压力，还是人际关系上的纠葛，都需要他们具备一颗自省的心。通过自省，他们可以更加清晰地认识自己，了解自己的优点和不足，从而制订出更加合理的目标和计划。同时，自省也是一种自我激励的方式，它可以让学生们更加坚定地追求自己的梦想，不断超越自我。

慎独，则是一种更高的道德境界。在大学生活中，学生们有大量的自由时间和空间，但是这也意味着他们需要更加严格地要求自己。慎独要求学生们在独处时也能保持清醒的头脑，不被外界的诱惑所干扰，始终坚持自己的道德信念。这既是一种对自己的尊重，也是对他人的尊重。通过慎独，学生们可以培养出更加坚定的道德意志，成为真正有道德底线的人。

（四）引导大学生勇于改过

"自省"在儒家思想中占据重要地位，众多儒家学者提出了一系列与自省有关的道德修养方法，如思过、改过、闻过则喜等。自省、知耻、改过三者紧密相连。君子常常能自觉进行自我反省，以自己不道德的言行为耻，更以明知故犯、不改过自新为耻。在孟子的思想观念中，这种知耻之心又被称为"羞恶之心"。孟子认为这种心性是道德的基石，因为只有干了坏事知道羞恶，人们才能积极改正错误，走向善良。人之所以为人，就在于其内心深处的羞恶之心。倘若一个人连这最基本的道德感知都丧失了，那么他就失去了作为人的资格。一个不会受到良心谴责的人，对于他所做的坏事也就不会感到愧疚。这样的人，可以无所顾忌地做出任何恶劣的事情。《中庸》中说："知耻近乎勇。"[①]意即知道羞耻的人离勇敢就不远了。关于知耻，孔子说："道之以政，齐之以刑，民免而无耻；道之以德，齐之以礼，有耻且格。"[②]意即，如果用刑罚治理民众，民众虽然会避免犯罪却不知道犯罪是耻辱的事，如果用道德与礼仪教化民众，民众就能以犯罪为耻，自觉约束自己。孔子这段话生动地表现出羞耻心对一个

---

① （战国）孔伋. 中庸［M］. 南昌：二十一世纪出版社，2015.

② 刘兆伟译注. 论语［M］. 北京：人民教育出版社，2015.

人的重要性和以道德治理天下的优越性。

知耻改过思想蕴含着深刻的内涵。首先，"知耻"，意味着一个人要有自我反省的能力，能够认识到自己的错误和不足，对于自己的不当行为要有羞愧之感。这是自我提升和成长的第一步，也是人格修养的重要体现。然后"改过"，改过是在"知耻"的基础上，付诸实际行动，改正自己的过失，不再重复犯错。这不仅是对自己负责，也是对他人和社会负责的表现。

在现代社会，这种勇于改错的精神尤为可贵。因为随着社会的快速发展，大学生们面临着各种复杂的情况和诱惑，很容易犯错。但只有在犯错后能够勇于承认，并且积极改正，才能不断进步，成为更好的自己。这样的行为，也是对传统文化知耻改过思想的传承和发扬。

（五）引导大学生好学慎思，恪守善道

儒家一方面重视内修心性，另一方面崇尚圣王之道，视尧、舜、禹等先贤为道德典范，将他们的行为举止看作道德理想的化身。到了宋明两朝，理学家们将孔子、孟子等先哲尊为圣贤之师，其作品则被奉为道德修养不可或缺的经典。他们倡导"格物致知"，注重研读圣贤之书，从中汲取智慧，领悟并遵循圣贤提出的道德规范，用以实现修身、齐家、治国、平天下的人生理想。此过程不仅要求人们做到内心自省，更需要他们勤学不辍，以读书明理，将外在之道德规范内化于心，使之成为自身德行的一部分，从而达到心性与道德规范的和谐统一。

孔子指出："好仁不好学，其蔽也愚；好知不好学，其蔽也荡；好信不好学，其蔽也贼；好直不好学，其蔽也绞；好勇不好学，其蔽也乱；好刚不好学，其蔽也狂。"[①]

这段话中的"贼"指的是受他人蒙蔽受到的损害，"绞"则是指以刻薄言语伤害他人。孔子主张"笃信好学，死守善道"。与孔子相似，孟子也重视"好学"，他倡导人们要牢记圣贤教导，领会其精髓。荀子为了强调"好学"的重要性，特地撰写了《劝学》篇，以启迪后世。荀子指出，我们在学习过程中，单纯的"学"与"思"是相互依存、密不可分的。真正的好学之人应当将学习

---

① 刘兆伟译注. 论语［M］. 北京：人民教育出版社，2015.

和思考结合起来，相互促进，才能有所长进。博学与慎思是相辅相成的基础。人们在思考时如果不谨慎，就会陷入胡思乱想的境地，这样很难达到诚意正心的境界，学习很难有所成就。所以孔子又说："《诗》三百，一言以蔽之，曰：思无邪。"[①]这强调了道德修养的基础在于内心，必须经过深思熟虑。如果思想偏离正道，行为就会偏离方向；而如果心存正直，那么言行就会因此受益。

在当今这个日新月异、信息爆炸的时代，儒家提倡的"好学慎思、恪守善道"更显得弥足珍贵，对于大学生的德育教育更是具有不可估量的价值。

首先，好学是大学生成长的基石。现代社会科技发展日新月异，信息迭代速度越来越快，大学生只能通过不断学习才能跟上时代。儒家提倡的好学，不仅仅是学习书本知识，更重要的是学习如何做人、如何处世。大学生应该珍惜大学时光，广泛涉猎各类知识，培养自己的综合素质，为将来步入社会打下坚实的基础。

其次，慎思是大学生成熟的标志。在学习的过程中，大学生难免会遇到各种问题和困惑。这时，就需要运用慎思精神，进行深入的思考和剖析。通过慎思，可以更好地理解知识、掌握技能，更可以锻炼自己的思维能力和判断力，从而在面对复杂的社会环境时，能够作出正确的决策。

最后，恪守善道是大学生品德的保障。儒家强调"以德为先"，认为一个人的品德修养是衡量其人生价值的重要标准。大学生应该恪守善道，坚守道德底线，树立正确的价值观和人生观。只有这样，才能在社会上赢得尊重和信任，实现自己的人生价值。

（六）引导大学生豁达大度

老子说"上德若谷"。"无为"之德，谓之"上德"，"上德不德，是以有德"，因而，广大之德，亦如幽深的空谷一样，不见其德。有此上德之人，必能虚怀若谷，豁达大度，宽宏大量，能容人，能原谅人，能包涵人。在老子看来，人的心灵本来是虚明宁静、无私无欲的。然而，太多人被物欲横流的社会感染，使内心蒙尘，因此必须去除私欲，让心灵恢复宁静。那些内心宁静的圣人胸怀宽广，可以做到"以德报怨"，所谓"以德报怨"是一种极具包容性的交际态

---

① 刘兆伟译注. 论语［M］. 北京：人民教育出版社，2015.

度。一般来说，人们与他人交往时会采取三种态度，其一是"以怨报德"，这是心胸狭隘的人才会采取的错误方式。其二是"以德报德，以怨报怨。"这是一般人都能做到的。其三是"以德报怨"，这是一般人做不到，但又为老子所主张。因为，圣人虚怀若谷，能包容万物，自然也就能包容与他人的仇怨。"上德若谷"思想在荣辱观上的表现是"宠辱不惊""宠辱皆忘"。老子认为，虚怀若谷之人，无私、无我，置荣辱、祸福、生死度外，自然能做到宠辱不惊。

大学生，作为新时代的青年，肩负着传承和弘扬中华优秀传统文化的重任。在"上德若谷"这一思想的熏陶下，大学生应当积极培养自己宽广的胸怀和豁达的心态，将之内化为个人的精神品格。

在日常的学习和生活中，大学生应学会包容和接纳不同的观点和意见。每个人都有自己的思考方式和价值观，应当尊重他人的选择，而不是一味地强求他人接受自己的观点。通过包容和接纳，可以拓宽自己的视野，丰富自己的思想，从而更加全面地认识世界。

同时，大学生还应学会以平和的心态面对生活中的得失荣辱。在追求个人目标的过程中，难免会遇到挫折和失败。面对这些不如意的事情，应该保持冷静和理智，不被情绪所左右。失败和挫折是成长的一部分，只有经历过这些磨砺，才能变得更加坚强和成熟。

在人际关系方面，大学生也应以"上德若谷"的胸怀去理解和包容他人。在与同学、朋友相处时，要善于倾听他们的想法和感受，尊重他们的个性和选择。当遇到矛盾和冲突时，要以平和的心态去沟通和解决，而不是采取过激的行为或言辞。通过理解和包容，可以增进彼此之间的友谊和信任，共同营造一个和谐友好的学习和生活环境。

综上所述，修身养性指的是自身道德的修养与追求问题，高尚的品德并非与生俱来，而是需要后天的不断学习与不断进步来形成。当今社会，市场经济快速发展，给新时代的大学生带来了一些趋利的价值观念，这就需要高校的教师深入挖掘传统文化中的德育资源，引导大学生加强对道德理想人格的追求。修身养性的思想，在中华传统文化历史长河中，积淀着丰厚的精神滋养与精神追求，同时也成为影响中国社会几千年历史的重要道德力量。修身养性，对理想道德的人格追求，是古代的众多哲学先贤们留给我们的宝贵资源，它可以指导当代大学生不断提升自身的思想道德素养，追求积极的人生理想境界，提升社会责任感。因此，将修身养性作为大学生思想道德素养提高的重要内容，引导大学生从中国优秀的传统文化资源中吸收养分，积极追求健康向上、崇德向善的精神品质，进行学习，勇于实践，正确理解传统文化，为创建新时代和谐社会添砖加瓦，让大学生们真正肩负起中华民族伟大复兴的历史重任。

七、"知足寡欲"的内涵及其德育价值

孟子曰："养心莫善于寡欲。"[①]欲望是无穷无尽的，一个具体欲望的满足会带来对新的欲望的追逐。所谓欲壑难填，人一旦陷入放纵欲望的泥淖中，就会难以自拔，最终招致个体的毁灭。由个体推及群体、种族，乃至国家，如果整个社会物欲横流，那么就会导致社会争斗频繁，尔虞我诈，道德沦丧，社会秩序混乱，人们无法和谐地生存下去。早在先秦时期，我国的思想家们就已经深刻地认识到放纵欲望的危害，他们主张"知足寡欲"，力图避免欲望的泛滥。"知足寡欲"的理念对培养新时代大学生提升个人修养，正确处理人与自然的关系有着积极的启示与意义。

（一）引导大学生节制欲望、知足常乐，形成正确的生活观

老子在《道德经》第十九章中说："见素抱朴，少私寡欲。"[②]即教导天下百姓返璞归真、持守淳朴、减少私心、降低欲望，方能呈现本色。老子的思想见解无疑是非常深刻的，因为人生的目的不在于物质财富的多寡，也不在于名望地位的高低，而在于是否真正认识了自己的内心，达到对天道的认识。因此，人之为人，不能为物质欲望所奴役驱使，为了追求物质的满足耗费精力心神，不仅会导致人们迷失在物欲之中，也容易引起人世间的纷争，故而老子强调戒欲、知足、淡泊、无为。

当前，我国处在经济的高速发展时期，国家的经济实力与综合国力大为增强。随着经济水平的日渐提高，人们的生活水平与消费能力不断增强。但是与此同时，由于经济的迅猛发展，滋生了部分人超出正常生活水平与发展需要的过多、过滥的欲望，消费主义、拜金主义思潮在社会中开始弥漫，消费至上的

---

① （战国）孟子. 孟子［M］. 哈尔滨：北方文艺出版社，2019.

② （春秋）老子. 道德经［M］. 上海：上海古籍出版社，2023.

消费主义渐渐成为一部分人信奉的消费观。在现实生活中，面临的主要问题是一部分人追求高档奢侈品消费，以花钱出手大方为荣，这种风气，渐渐影响到了高校校园中的大学生。特别是在当下物质生活极大丰富的情况下，日常生活中的浪费问题也日益严重，甚至在许多的饭店，已成为司空见惯的现象。但就整体社会而言，社会的平均收入水平并不是很高，很多刚刚工作的年轻人盲目消费，成了所谓的"月光族"，即将每月的工资收入全部花光。低收入和高消费带来的矛盾，让一些人铤而走险，踏上了犯罪的不归路。究其原因，就是不能够控制自己的欲望，任之泛滥膨胀，最终毁灭了自己。近年来，不少政府官员因贪污腐败而身陷囹圄，其中也不乏省部级的高官。在市场经济大潮的冲击下，他们为心中的贪欲所误，利用手中的权力，疯狂地攫取社会财富。其实，作为社会的中上层人士，他们本来有着不菲的收入和令人尊敬的社会地位，完全可以过得相当幸福快乐。可是，对欲望的贪婪追逐使得他们迷失了自己，凭借他们所掌握的权力和资源，贪污腐化，给社会的发展带来了极大的危害。

欲望是没有止境的，因为满足了一种欲望，又有另一种欲望乃至百种欲望随之产生，不论我们是穷人还是富人，欲望都不可能一一得到满足，这是永恒的真理。而欲望的不能满足会给人带来许许多多的痛苦。这样一个矛盾如何解决？老子强调知足寡欲，欲望不能满足的痛苦由消除欲望本身来加以解决，这是一种釜底抽薪的办法。只有知足，才能常乐。新时代的大学生要懂得在现代社会快节奏的生活中体会校园读书生活的美好，静心读书，增长知识，实现身心和谐，需要从先秦道家老子提倡的知足寡欲中探索内在的生命力量，注重健康精神世界的维系，避免被快节奏的现实生活所影响，出现身心健康失衡。老子主张"上善若水""道法自然"，这种顺其自然、清静无为的心态值得当代大学生们学习。

真正的快乐来自心灵的快乐。物质欲望的满足只会带来更多的物质欲望，一旦无法满足，人就会陷入焦虑之中。所以，新时代大学生应该果断地抛弃那些妨碍自身追求精神生活的物质负担，在深入了解自身需求的基础上制订自己的人生目标，一心一意朝着目标前行，舍弃目标之外的事物，去追求心灵的满足。

（二）引导大学生用知足常乐的心态去规范日常行为

个体是社会的基本单位。如果社会中存在着相当数量的欲望膨胀的人群，必然带来社会的动荡不安。因为，每个人过度膨胀的欲望必然会带来对社会资源的疯狂攫取，而社会资源相对于需求总是稀缺的，一部分人欲望的满足会造成另一部分人欲望被抑制。欲望满足方和被抑制方之间就可能会产生利益冲突，从而带来社会的动荡。在动荡的社会下，任何社会建设都无法持续良性地进行。

我国当前正在进行实现中华民族伟大复兴的宏伟事业，需要一个稳定的社会环境，需要一大批具有奉献精神、吃苦耐劳、勇于承担社会责任的新时代社会主义建设者，而当下的拜金主义、功利主义观念影响了当代的大学生，使部分学生的理想信念趋于庸俗化。如果社会中物欲横流，人人向钱看，必将带来社会道德水准的整体滑坡，社会内部矛盾摩擦加大，使得我们的改革成本提高，改革难度加大。对于当前社会上出现的拜金主义、享乐主义这类消极现象，如果不加以有效遏制，将会带来不良的后果。

先秦道家的"知足寡欲"理念能帮助当代青年学子有效抵御社会浮躁风气与功利观念的侵扰，促进个人品德与心理素质的提升。这一思想鼓励我们以宽广的胸襟包容世间百态，秉持平和友善的处世之道，在复杂的人际与社会关系中，坚持"利人而不损人，有为而不争强"的原则，保持知足常乐的生活态度。具体而言，通过践行"知足寡欲"，大学生们能够学会在物欲横流的社会环境中保持内心的宁静与坚定，不为外界诱惑所动摇，从而深化自我修养，实现身心的和谐统一。这种修养不仅体现在对外界变化的淡然处之，更在于内在精神世界的丰富与升华，它让人们在追求个人成长的同时，不忘回馈社会，以更加积极、健康的心态面对生活的挑战。因而，用知足寡欲的思想培养大学生成为具有大度豁达、知足常乐、深沉宽容优秀品质的人，有着重要的积极意义。

（三）引导大学生积极向上、开拓进取

老子作为中国伟大的哲学家、思想家，深刻地认识到人自身的欲望，他提出"少私寡欲"的理念，慎重地告诫人们过多、过度地追求权力、金钱的欲望，会让人身心劳累、精神空虚。他让人从过度欲望之中自省自身，反求于内，洞察本心，顺从自然规律，寻得内心清净。老子"少私寡欲"的思想理念，闪耀着人类理性智慧的光芒，对新时代大学生建构健康的内心世界有着积极的启发意义。

当然，对于过分的欲望，我们应该抵制；但是对于正当的欲望，我们应该积极追求。对于人类正常生活的诉求，老子认识十分到位。因此他提倡"少私"，而不是"无私"；提倡"寡欲"，而不是"无欲"。在老子看来，无私无欲乃是崇高理想的人生境界，只有极少数人或者"圣人"方能达到。芸芸众生对于基本的生活需求及富贵的向往，是很正常的，只要方式方法及行为符合社会道德规范、符合道义，那就是可取的。因为人类要绵延发展，没有欲望是不正常的，禁欲是不可取的。在这一点，老子的观念与孔子观点相同。孔子在《论语·述而》中谈道："饭疏食，饮水，曲肱而枕之，乐亦在其中矣。不义而富且贵，于我如浮云。"①孔子认为，虽然饮食以及睡眠条件都很差，但依然感觉生活得很快乐，而对那不义之富贵嗤之以鼻、不屑一顾。孔子固守心中的安乐，是因为孔子在穷困和富贵的对立中显现出对道德原则的坚守，对端正人格的坚持，以朴实和纯粹的自我追求理想的君子人格境界。固曲肱而枕之，乐亦在其中。

新时代的大学生正处在经济全球化和文化多元发展的大环境下，经济的快速发展和科技的不断进步、物质充盈的生活、消费主义的生活观和生活方式使得部分大学生滋生了好逸恶劳的不良思想，他们开始热衷于攀比，执着于物质享受，对拜金主义、利己主义深信不疑。针对以上状况，对新时代的大学生进行德育教育的首要任务就是引导大学生正确理性地看待名利、物欲。而先秦思想家关于知足寡欲的思想理念，蕴含着丰富的德育资源，能让大学生通过学习，明确名利、物欲只是生命的一个维度，而不是生命的意义所在，只有坚定共产主义崇高的理想信念，崇真向善，为人类福祉而努力奋斗，方能体悟生命的真谛。

第二节 中国传统文化德育思想的启示

中华优秀传统文化是中华文明历经几千载演化汇集成的一种反映民族特质和风貌的民族文化，是中华民族在长期的历史发展过程中，为了生存和发展的需要，根据历史所提供的条件，创建、改造、传承下来的优秀物质成果和优

---

① 刘兆伟译注. 论语 [M]. 北京：人民教育出版社，2015.

秀精神成果的总和，是中华民族的珍贵宝藏。正是这些优秀文化基因与文化标识，为中华民族生生不息发展壮大提供了丰厚滋养。现代教育应该以立德树人为根本任务，致力于培养全面发展的高素质人才，为社会主义现代化事业提供人才支持，这就要求各高校重视德育教育。中国的传统文化历史悠久，内容博大精深，其文化理念与文化精神对培养新时代大学生具有良好的思想道德素质、坚定新时代中国特色社会主义文化自信、深入理解社会主义核心价值观具有重要意义。探索中华优秀传统文化中丰富的德育资源与人生修养内容，可以引导新时代的大学生形成健康向上、崇德向善的精神力量。因此，要充分发挥优秀传统文化怡情养志、涵育文明的重要作用，必须从中华民族优秀的传统文化中汲取营养，充分发挥其德育教育价值。

中华民族传统文化的核心就是德育文化。早在先秦时期，先贤们就极其重视道德教育。人们对"德"的理解起源于殷商，那时的人赋予了它"正直"的内涵。到了西周时期，"德"这一概念进一步渗透到政治领域，德政观念形成。这时的当政者通过体察百姓疾苦来展现其"德"。这时的"德"不仅代表着个人的品德和境界，更是为政者治理一方的施政理念。先秦时，"德"这一概念已经具备了普遍性、内在性和政治性。例如，《尚书》的《舜典》篇中就有记载，舜统治时期有专门的官员负责实施五种伦理道德教育，包括父义、母慈、兄友、弟恭、子孝。这些教育内容旨在培养人们的道德品质，让他们成为有德之人。所以，先秦时期的圣贤君主非常重视自身及其百姓的道德教育，提出"厚德载物""大象无形""和而不同""孝悌为本""修身养性""知足寡欲"等为代表的道德修养，并以此为标准，教化天下百姓，化民成俗。

中国传统文化虽历史悠久，但其主要思想流派在春秋战国时期就已经形成。在众多的学术流派中，儒家的思想对中国文化影响甚为深远。其代表人物有孔子、孟子、荀子等，这些哲学先贤们都十分重视追求理想人格，注重道德修养，关心生命价值的本真意义，将道德教育放在重要位置，儒家所承载的道德教育功能更具有代表性，给新时代的大学生以深刻的启示。深入探究儒家传统文化中蕴含的丰富德育思想，可以为当代高校开展德育教育提供重要工作资源与内容，引导大学生深入理解中国传统文化的思想精华和道德精髓，增强文化自信。

中国传统文化阐发了诸多具有中华民族特色且源远流长的中华传统美德，

建构了丰富的德育内容体系,许多思想理念和道德规范与新时代大学生的德育教育相契合,从而能够为涵养新时代德育教育内容提供重要土壤和宝贵资源。高校在开展德育教育时,要注意以学生为主体,根据每位学生的特点有针对性地开展德育工作,运用古代丰富的德育教育资源培养学生高尚的道德品质。

一、中国传统文化德育原则对大学生德育的启示

自从儒家文化被用来维护政治统治之后,儒家文化就对人的心理、观念和思维方式都有一定影响,同样在教育方面也有指导和借鉴意义,尤其是在传统文化教育和德育教育方面。儒家文化中的传统文化教育思想深入浅出、通俗易懂,与日常生活相统一相融合,能够让人深刻地理解其中的传统文化教育哲理和方法,能够给人一种心理和精神方面的支持,让人活得更快乐。德育则是以培养社会成员的思想品质为目的的教育活动,教育者们通过多种方式影响人们的思想观念,最终使其形成符合一定规范的道德品质。在大学生的德育教育实践活动中,由于坚持传统教育方法,以灌输为主,忽视大学生的学习能动性与主动性,缺乏一定学习趣味,不能够让尽可能多的人参与进来,致使大学生德育教育效果比较差。所以,为了使德育教育深入受教育者的生活,让他们乐意接受德育教育的知识,提高政治觉悟和思想境界,树立正确的价值观念,我们在进行德育教育时,应该坚持以下原则。

(一)坚持全面性与生活化原则

全面性原则是指德育教育不能局限于仅传授相关的政治思想和价值观念等,还要丰富德育教育的形式,充实其内容,拓展其途径,促使受教育者德智体美全面发展。马克思主义关于人的全面发展学说是以历史唯物主义和剩余价值学说两大理论为基础建立的。马克思不仅在政治经济学和科学社会主义领域提出了人的全面发展学说,而且还在哲学、教育领域也谈及了全面发展的含义,并对思想、品德、情感、意志等都有所强调。为了培养一代又一代能力、智力、品质、情感和意志全面发展,具有很高的政治觉悟的社会主义事业接班人,马克思一贯倡导人的全面发展,不仅包括智力因素的发展,而且还包括道德、情感、意志、审美等非智力因素、心理因素的发展。在儒家教育过程中,也很注重教育内容的全面性,从智力教育到传统文化教育,再到观念教育都涉及了。

例如，子曰："志于道，据于德，依于仁，游于艺。"[①]子曰："兴于诗，立于礼，成于乐。"[②]儒家注重"六艺"之教，通过智力教育（德、智、体、美）和包含在其中的传统文化教育的内容、价值观念、治国理念和政治思想等，充实受教育者的头脑，给受教育者提供政治营养和心理营养，促使受教育者提升政治觉悟，树立正确的人生观、价值观和世界观。

生活化原则是指德育教育要切合受教育者的实际、贴近生活，从日常生活中的细节出发，引起受教育者的思想共鸣，使受教育者乐于接受德育教育的内容，以培养受教育者的兴趣。高校的德育教育要善于运用大学生喜闻乐见的方式开展德育知识的传递与德育实践的开展，要贴近大学生的生活，应该将德育教育深入浅出地结合一些生活实例，将知识传授给广大青年，孔子和孟子等都是通过生活事例将相关知识传授给学生，让学生通过实践加以领会，变成自己的知识。例如，孔子从正面论述信心的重要性，鼓励学生树立信心。"仁乎远哉？我欲仁，斯仁至矣。"[③]从反面论述没有信心的危害性，如冉求曰："非不说子之道，力不足也。"[④]子曰："力不足者，中道而废。今女画。"[⑤]儒家教育内容和方式中还有很多类似的论述。因此，高校德育教育应该紧密结合大学生的生活。切合学生之关切，开展各类教育活动，推进学生正确把握儒家传统文化的深刻内涵，正确把握儒家传统文化与社会主义核心价值观的契合之处，把跨越时空的思想理念、价值标准、审美风范，转化为学生的精神追求和行为习惯。

（二）坚持主体性与主动性原则

主体性作为人类的核心特征，体现在个体对真理的不懈追求之中，是人性光辉的外在映射，也是一个深邃的哲学议题。反观当前教育体系，其重心多聚焦于知识传授与技能应用，在一定程度上忽视了对学生主体性的培育，以及对潜藏于学生个性中的无限潜能的有效挖掘，忽视了大学生在接受知识和运用知

① 刘兆伟译注. 论语［M］. 北京：人民教育出版社，2015.

② 刘兆伟译注. 论语［M］. 北京：人民教育出版社，2015.

③ 刘兆伟译注. 论语［M］. 北京：人民教育出版社，2015.

④ 刘兆伟译注. 论语［M］. 北京：人民教育出版社，2015.

⑤ 刘兆伟译注. 论语［M］. 北京：人民教育出版社，2015.

识过程中的主体地位。培养出来的学生思维比较狭窄，解决实际问题的能力比较差，而且还有许多适应现实社会的能力不足的问题，不能满足社会和经济发展对人才的要求。随着现代社会生活节奏加快，人们都承受着很大的生活和工作压力，同时还出现了价值观念多元化趋势。为了培养全面发展、能力强、思维活跃的人才，必须在大学生的德育教育中坚持主体性原则。因此，为了培养具有良好政治素质的新时代青年，必须要坚持以学生为主体，运用多形式和多途径进行德育教育，督促大学生积极参与进来，通过激烈的争论，讨论具有争议的观点，提出自己的想法和意见，引发大学生的思考和思想的共鸣，让他们产生深刻的思想方面的体会，以获得他人的认同，使德育教育真正取得实效。在儒家教育中，常常有这么一幕，那就是孔子或者孟子和自己的学生讨论问题，引发学生思考，增强学生对知识的感性和理性体验，进而对学生的价值观、人生观和世界观等产生积极的影响，促进学生的全面发展。

主动性原则分为两个方面：一个方面是受教育者的主动，当受教育者自己发现自己的价值观是错误的，就会主动翻阅相关书籍，进行自我纠正，抛弃错误的价值观念，树立正确的价值观念、另一个方面是传统文化教育工作者要主动出击，运用不同的方法和途径，了解受教育者的思想动态和情绪状况，适时进行德育教育，让德育教育的主流观念深入骨髓。孔子在进行教育时，提出"中人以上，可以语上也；中人以下，不可以语上也"[①]，"回也闻一以知十，赐也闻一以知二"[②]。这两句都是孔子主动为学生打预防针，防止学生因为自己的智力差异产生自卑的心态，影响心理的发展。新时代的大学德育教育也应该发挥大学生和教师的主动性，让学生以积极主动的姿态参与到德育教育中来，自觉接受德育教育，不断提升自身道德素养。

（三）坚持平等性与互动性原则

高校的德育教育可以借鉴儒家传统文化中的平等性与互动性原则。平等性原则是指教育者和受教育者的人格平等，应该相互尊重、相互理解，形成民主型的教育者与受教育者关系，在平等、民主的和谐气氛中进行教育活动。互动

---

① 刘兆伟译注. 论语［M］. 北京：人民教育出版社，2015.

② 刘兆伟译注. 论语［M］. 北京：人民教育出版社，2015.

性是指教育者和受教育者要通过各种形式和途径进行沟通交流，及时了解受教育者的情绪变化和思想动态，做好德育工作。为了保证德育平等性原则和互动性原则的实现，教育者不仅要从语言上表达出这种愿望，还要用实际行动来说明问题。这看起来很简单，但事实上我国的教育现实和教育者积累的教育经验却会与此有所冲突。很多老师在长期的教育过程中形成了居高临下的说教习惯，这种习惯致使受教育者和教育者之间形成无形的隔阂，严重影响德育的效果。所以，要做好德育工作，教育者必须转变观念，用协商的语气和受教育者进行沟通，给受教育者发表意见的机会，尽可能采纳他们的合理意见和建议，尊重受教育者的人格。这样才能真正体现平等和民主。教育者还要和受教育者多谈心，和他们做朋友，使他们愿意和教育者交流，倾诉心里话，以便教育者更多地了解受教育者的心理和思想动态，及时做好预防措施。

当然，平等性和互动性原则并不意味着不能批评错误的行为，不意味着放任和迁就，对于受教育者的各种错误行为要及时指出来，只要方式和方法合理得当，受教育者还是能够接受的。平等性和互动性原则旨在营造一种宽松的气氛，使受教育者在教育者的帮助下全面发展。在两千多年前，孔子就提出了"有教无类"的教育原则，讲求教育的平等性，孔子就是教育平等性的实践者。不管是德、智、体、美的教育，还是包含在其中的传统文化教育，政治观念和价值观念的教育，都要注意教育者和受教育者的人格应保持平等。同时，孔子还和自己的学生在一起讨论关于"仁""义""利"等问题，相互学习，说明孔子的教育方式既实现了平等性也实现了互动性，增强了教育的实效性，可加深学生对知识的理解，让学生树立正确的价值观念。

二、中国传统文化德育内容对大学生德育的启示

（一）以身许国的爱国主义精神

以身许国的爱国主义精神千百年来一直是中华民族优秀传统文化的核心。爱国主义精神是深植于每一位中华儿女心中的情感与行为导向，是民众对祖国的深切热爱与忠诚的集中体现，它融合了一个人的思想、情感、意识与行动，是中华民族历史长河中不可或缺的精神纽带，更是中华民族强大凝聚力的重要来源。这股力量是推动社会进步与国家发展的强大引擎。爱国主义对国家统一

与人民整体利益的维持意义重大,它历史悠久,可追溯到先秦时期的儒家学派,儒家倡导以国家利益为行为准则,构想了"礼治国家、德政天下"的理想社会蓝图。孔子提出的"大道之行,天下为公",将国家视为民族利益的重要载体,将之放在社会利益的金字塔尖。孟子的"定于一"、荀子的"一天下"等思想,更是为国家的统一大业奠定了坚实的理论基础,强调了民族团结与国家统一的不可动摇性。从古至今,中华民族都具有强烈的民族与国家认同感,各民族虽然有着多元的文化,却共同肩负着反对分裂、维护统一的历史使命。这种以国家利益为重的爱国主义情怀,不仅促进了国家的统一与民族的和谐共处,更在历史长河中激励着无数仁人志士,他们为了国家存续,不顾个人安危,践行"杀身成仁""舍生取义"的崇高精神。他们的英勇事迹,如同一首首激昂的爱国乐章,永远镌刻在中华民族的记忆之中。从贾谊的"国而忘家,公而忘私",到范仲淹的"先天下之忧而忧,后天下之乐而乐",从戚继光抗击倭寇、郑成功驱逐荷兰殖民者收复台湾,到林则徐虎门销烟,从义和团抗击八国联军到辛亥革命终结腐朽王朝统治等,都是这种报国、忧国的爱国主义传统的传承。以身许国的爱国主义精神教育,是德育教育中的重要内容,旨在引导人们以整体利益为重,心怀大义。孟子说:"生,亦我所欲也;义,亦我所欲也。二者不可得兼,舍生而取义者也。"这句话就体现了个人可以为了国家的义而舍生忘死的高尚品质。

爱国主义精神是中华民族的力量源泉,鼓舞着每一代中华儿女奋勇向前,这份情感深植于对爱国先驱的崇高敬意之中,帮助人们不断追求进步,怀抱对自由的深切热爱,坚决捍卫民族的尊严与国家的独立主权。同时,它也体现为对背叛国家、追求私利之徒的深切痛恨,以及对外部侵略势力的坚决抵抗。中华各族儿女前仆后继,不畏强暴,誓死捍卫祖国主权和领土完整,使中华民族巍然屹立于世界民族之林。

（二）自强不息的进取精神

中华民族是自强不息的民族,一代代中华儿女秉持着自强不息的精神开拓进取,历经无数磨难却从不放弃,最终铸就了中华民族的辉煌历史文化。《礼记·中庸》中有云:"博学之,审问之,慎思之,明辨之,笃行之。有弗学,学之弗能,弗措也。有弗问,问之弗知,弗措也。有弗思,思之弗得,弗措也。

有弗辨，辨之弗明，弗措也。有弗行，行之弗笃，弗措也。人一能之，己百之；人十能之，己千之。果能此道矣，虽愚必明，虽柔必强。"①正是自强不息精神的生动写照。《易经》上说"天行健，君子以自强不息"②，也是在鼓励人们自强不息，积极进取。这种自强不息的精神植根于每一位中国人民心中，且历史悠久，早在先秦时期就有所体现。"至圣先师"孔子就拥有自强不息的精神，他这一生为了恢复礼制，教化万民奔波劳苦，可谓"明知其不可为而为之"③，他"发愤忘食，乐以忘忧，不知老之将至云尔"④。孟子曰："故天将降大任于是人也，必先苦其心志，劳其筋骨，饿其体肤，空乏其身，行拂乱其所为，所以动心忍性，曾益其所不能。"⑤点明了在成就一番事业的过程中自强不息的重要性。自强不息是一种自我超越、不断进取的品质，它体现的是一种不屈不挠、顽强奋斗的意志力，是流淌在中华文明血液中生生不息的力量源泉，是中国人民代代相传的传世之宝。

（三）讲仁爱，推崇和谐

仁是儒家传统的道德精华，重"仁"的人道主义精神是中华民族的优秀文化传统。生活幸福、社会和谐是每一代中华儿女都期待实现的目标。中国古代典籍《礼记·礼运》中谈道："大道之行也，天下为公，选贤与能，讲信修睦。故人不独亲其亲，不独子其子，使老有所终，壮有所用，幼有所长，矜、寡、孤、独、废疾者，皆有所养，男有分，女有归。货恶其弃于地也，不必藏于己；力恶其不出于身也，不必为己。是故谋闭而不兴，盗窃乱贼而不作，故外户而不闭，是谓大同。"⑥这为我们描绘了一幅男女平等、老有所养、幼有所育、任用贤能、社会安定、崇尚和谐，没有斗争与私利的和谐社会愿景。在中国长达几千年的封建社会中，讲仁爱、推崇和谐一直是历代思想家推崇和追求的精神理念。孔子所称的"仁者爱人"，孟子"老吾老以及人之老，幼吾幼以及人之

---

① （西汉）戴圣. 礼记［M］. 西安：西安交通大学出版社，2022.

② 于海英译注. 易经［M］. 北京：华龄出版社，2017.

③ 刘兆伟译注. 论语［M］. 北京：人民教育出版社，2015.

④ 刘兆伟译注. 论语［M］. 北京：人民教育出版社，2015.

⑤ （战国）孟子. 孟子［M］. 哈尔滨：北方文艺出版社，2019.

⑥ （西汉）戴圣. 礼记［M］. 西安：西安交通大学出版社，2022.

幼"，以及墨家的"兼相爱""交相利"的思想，都在一定程度上反映了中华民族的仁爱情怀和人道主义精神。

孔子的"仁爱"哲学，为我们处理错综复杂的人际关系、探索人与自然的和谐共生提供了帮助。这一思想体系，旨在由个体的自我完善，逐步扩展到人与人之间的和睦相处，最终达到天人合一的至高境界，实现个人、社会乃至整个天地的和谐统一。"仁"作为儒家道德观念的核心，不仅是中国传统德育文化的灵魂所在，更是千百年来塑造中国社会风貌、引领道德风尚的重要力量。它不仅是一种道德准则，更是一种生命态度，鼓励人们追求内在美德与外在行为的和谐统一。在个体修养的层面上，儒家伦理倡导的是一种积极向上的人生追求，强调个人应怀揣崇高的理想境界，勇于承担社会责任，以实际行动践行"仁爱"之道。时至今日，"仁爱"的思想仍然能给我们很多启示。

（四）民为邦本、民贵君轻的民本思想

中国素来奉行以民为本的原则，殷商时期的人们就意识到百姓是国家的根本，只有百姓安康，国家才能稳固。民本思想自殷商时期传承至今，从未中断。随着黄宗羲提出"天下为主，君为客"的理念，民本思想进一步发展，并且展现出脱离原本儒家思想束缚的趋势，向着更加理性的民主转换。民本思想含义丰富，涵盖贵民、富民、教民等多个维度，将人民放在了整个国家体系中最重要的位置。如今，倡导"以人为本"，正是对民本思想的继承和发展。所谓"以人为本"，具体来说就是以满足人们的物质文化需求为核心任务，注重人的全面发展。

（五）坚守诚信、崇尚正义

"诚信"是中华传统文化中的重要理念，包括"诚"与"信"两个方面。"诚"重在内心修养，是"信"的内在自觉；"信"重在为人准则，是"诚"的外在表现。诚信是一种美德，是修身治国之本。孔子言"人而无信，不知其可也"[①]，王充认为"精诚所加，金石为开"[②]。人生在世，永远也不该弄虚作假，

---

① 刘兆伟译注. 论语 ［M］. 北京：人民教育出版社，2015.

② （东汉）王充. 论衡 ［M］. 长沙：岳麓书社，1991.

应该秉持"诚"的态度对待天地和他人，立身以诚才能成为真正顶天立地的人。如果一味弄虚作假，丧失了"诚"的美德，则一定会被天地，被他人厌恶，最终走向失败。真诚与正义联系紧密，古代思想家赋予正义丰富的内涵，将之视为公道、公平、天理与良心的综合概念，同时涵盖自由、安全、法治及共同幸福等要素。恪守正义之道，摒弃非义之行，是每个人都该遵循的基本准则。具体来说，在社会演进的过程中，凡是能推动人类社会向前发展，并有效维护公共利益及他人合法权益之行为，均属正义之举。

（六）天人合一的宇宙自然观

天人合一是中华传统文化中最广泛的概念，自始至终贯穿在中国传统文化的每一个进程中。在中华民族传统文化中，"天"这一概念通常指宇宙，而"人"则指每个个体。道家著作《道德经》中说："人法地，地法天，天法道，道法自然。"[①]老子认为人应当自然，遵守自然规律，与自然和谐相处，如果不了解自然规律而强行作为，就会招致凶险的后果。在老子理论的基础上，道家的另一位代表人物庄子对"天人合一"思想做了更加详细的叙述，《庄子·达生》记载："天地者，万物之父母也。"[②]《庄子·山木》记载："有人，天也；有天，亦天也。"[③]这段话的意思是，人与万物都是天地孕育出的生灵，应该和万物一起合于天地。《易经》则根据天、地、人三者的不同演化出三才之道。孔子主张，"君子"应该注重领悟天地间的德性，进而使个人品德与天地之道和谐共鸣。为此，《礼记·中庸》提出："诚者，天之道也；诚之者，人之道也。"[④]深刻揭示了天道与人道间不可分割的纽带，倡导了天人合一的哲学境界。孟子说："尽其心者，知其性也；知其性，则知天也。"[⑤]他进一步阐述了人性与天道间的内在联系，认为两者相通，共同构筑了天人合一的宏伟图景古人将人类视为自然界不可分割的组成部分，认为人与自然均源自天地之气，共享同样的生命之源。在这一理念的影响下，许多君子都通过深刻体悟天地之道，以明心见性；

---

① （春秋）老子. 道德经［M］. 上海：上海古籍出版社，2023.

② （战国）庄子. 庄子［M］. 太原：山西古籍出版社，2001.

③ （战国）庄子. 庄子［M］. 太原：山西古籍出版社，2001.

④ （西汉）戴圣. 礼记［M］. 西安：西安交通大学出版社，2022.

⑤ （战国）孟子. 孟子［M］. 哈尔滨：北方文艺出版社，2019.

通过细致观察民情，以仁政惠民，追求"大同"社会的理想境界。这一思想跨越了儒家与道家的界限，甚至得到了佛家的认可，成为"天人合一"的哲学基石。"天人合一"的思想，为解决人与自然之间的紧张关系，为探索人类可持续发展的道路，提供了宝贵的智慧与启示。历史与现实无数次证明，当人类背离自然规律，盲目索取乃至破坏自然时，必将遭受自然界的反噬。因此，深入挖掘并传承"天人合一"思想的精髓，不仅具有深远的理论价值，更对指导当代社会的绿色发展、促进人与自然和谐共生具有不可估量的实践意义。

三、中国传统文化德育方法对大学生德育的启示

（一）尊重个体差异，坚持因材施教

因材施教出自《论语》，是孔子这位伟大的教育家为后世留下的宝贵教育思想。具体来说，因材施教要求教育者深入了解每位学生的个人性格、学习能力、家庭情况，针对个体差异制订不同的教学计划，以求达到最好的教学效果，帮助受教育者实现全面发展。因材施教是孔子教育方法中的核心观念，许多儒家经典都体现了孔子因材施教的智慧。如《论语·先进》记载："子路问：'闻斯行诸？'子曰：'有父兄在，如之何其闻斯行之？'……子曰：'求也退，故进之；由也兼人，故退之。'"[1]这是孔子因材施教的一个典型案例，针对同一个问题，孔子做了截然相反的回答。原因是子路和冉有的性格不同。《论语·为政》记载："子曰：'视其所以，观其所由，察其所安。人焉廋哉？人焉廋哉？'"[2]这句话阐述了孔子对自己的学生从其考察目的、考察方法、考察结果三个方面全面了解学生，主动进行信息搜集，为因材施教做好准备。《论语·先进》记载："柴也愚，参也鲁，师也辟，由也喭。"[3]这是孔子对四位学生在智力和性格方面的评价，是因材施教的依据。《论语·雍也》记载："中人以上，可以语上也；中人以下，不可以语上也。"[4]这是按照能力和智力进行分类，是因材施教的理论概括。孔子的后继者孟子也对因材施教进行了概

---

① 刘兆伟译注. 论语 [M]. 北京：人民教育出版社，2015.

② 刘兆伟译注. 论语 [M]. 北京：人民教育出版社，2015.

③ 刘兆伟译注. 论语 [M]. 北京：人民教育出版社，2015.

④ 刘兆伟译注. 论语 [M]. 北京：人民教育出版社，2015.

括。《孟子·尽心上》记载："君子之所以教者五：有如时雨化之者，有成德者，有达财者……君子之所以教也。"①这句话阐述了君子根据受教育者不同的能力和智力进行教育的五种方式。可见，儒家根据学生特有的心理活动实际水平开展教育活动，有两层含义：一是了解学生的心理、智力以及能力等方面差异为前提。只有真正了解学生的差异才能有的放矢，做到因材施教。二是根据差异适用不同的教育途径和方法。儒家教育在了解学生差异的基础上，以不同的教育目标、不同的教育内容，使用不同的方法进行教育。

在经济全球化、文化多元化的大时代背景下，大学生的价值取向也受到了多元化趋势的影响。所以，新时代高校的德育在教育过程中要根据不同的群体、不同的价值取向，应用不同的方式方法对他们进行教育，帮助他们摒弃错误的思想观念，树立正确的思想观念。这是新时代培养各层次人才的需要，是调动大学生内在积极性的需要，也是德育教育实效性能否得到体现的关键。我们在鼓励人们勤勉奋斗的同时，必须正视每个人的独特才能与品德差异，依据这些差异对人们实施差异化对待，让每位社会成员依据自身条件与路径，共同迈向社会主义与共产主义的宏伟目标。当前教育改革的重要任务之一，便是审视并革除传统德育体系中存在的弊端，为了完成这一任务，我们可以充分汲取儒家文化精髓中的教育智慧。我们应当更加重视德育工作的规律性、科学性与层次性构建，确保德育实践既符合教育发展的内在逻辑，又能够精准对接新时代大学生的个性化需求。具体来说，想要完成这一任务，我们需要从三个方面入手，首先是改革教学内容，重视学生的思想道德素质培养，建立健全学生培养评价体系，将德育和传统教育相结合，把马克思主义人生观、世界观和价值观教育贯穿其中。只有多层次结合，把德育教育的任务落到实处，才能真正实现德育目标，培养出具有高尚道德素质的人才。其次是改革教学方法，我们应遵循因材施教的大原则，深入了解每位学生的个性，针对个体的不同特质采用不同的教学方法，根据个性的差异，开启大学生的心扉，调动学习积极性，引导大学生自觉接受思想品德的规范和相关要求，努力成为中国特色社会主义事业的建设人才。三是增进情感交流，积极帮助他们成长。传统德育枯燥乏味，是单向的灌输，使大学生参与度不高，

---

① （战国）孟子. 孟子 [M]. 哈尔滨：北方文艺出版社，2019.

并且影响教育效果。所以，为了更好地提升教育效果，要积极与大学生进行情感的沟通，做到了解受教育者、信任受教育者，做到知己知彼。这样才能对症下药、因材施教。高校的德育教育是做人的工作，必须做到尊重受教育者，进而动之以情、晓之以理，感动大学生，使德育教育既有高度、深度，又有温度。

（二）激发学习兴趣，坚持寓教于乐

寓教于乐是教育者利用教育过程中的各种因素，点燃受教育者的兴趣，使他们怀着快乐的情绪来学习。寓教于乐作为一种教育思想，是古罗马文艺理论家贺拉斯在《诗艺》中最早提出的。他指出诗和音乐应带给人乐趣和益处，也应对读者有所帮助。美好的诗歌和音乐能够启发心智，提升审美观和人格修养，达到真善美的统一。因此，教育者应该将之贯穿于整个教学过程中，而不能把寓教于乐理解为只是营造快乐的气氛，让学生在枯燥乏味的学习中得到一时的欢愉。在《论语》中，孔子将寓教于乐作为激发学生兴趣的方法，提升学生的学习兴趣，达到提升人格、感化心灵的目的。孔子寓教于乐的具体方法是采用案例教学和比喻的方法，激起学生对知识的求知欲，让学生发挥学习主动性去学习感兴趣的知识，提高学生的人文素养，促进知、情、意全面发展。如"子之武城，闻弦歌之声"，"二三子，偃之言是也，前言戏之耳"；"知之者不如好之者，好之者不如乐之者"[1]。前一句生动记载了孔子是怎样通过玩笑阐述生活中的哲理，充分体现了孔子高超的教育艺术。深刻的道理通过轻松的对话，在声情并茂的气氛中得到很好的阐述，达到了教学的目的，提升了受教育者的情感素养，有利于激发受教育者的学习积极性和主动性。后一句阐述了乐学的应用，孔子将知道某一方面知识的人、爱好者和乐于学习这方面知识的人进行对比，说明了乐学者在学习过程中的心情和学习效率。不管是乐学还是乐教，都要进行到底，贯穿于教育的每个环节，激发受教育者的兴趣和信心。由此可见，寓教于乐是学习的最高境界，也是实现学习目的的最佳境界。

在以往的德育教育过程中，高校教育者往往采取传统的填鸭式的教育方

---

[1] 刘兆伟译注. 论语 [M]. 北京：人民教育出版社，2015.

式，空洞、呆板、枯燥乏味、没有新意，教师和大学生形成了管理与被管理的隶属关系，教师和学生之间存在隔阂，缺乏情感和心灵的交流沟通，严重挫伤了学生的学习积极性，影响德育教育的效果。孔子在《论语》中提到乐学和乐教的思想以后，开启了我国寓教于乐的先河。孔子在教育过程中灵活应用乐教的思想，从各个方面提升学生的素质。目前，我国正在大力推进素质教育，寓教于乐是广大教育者普遍接受的教育理念。由此可见寓教于乐对教学的重要性。因此在德育教育中，作为高校的教育工作者，我们要善于吸收和借鉴儒家传统文化中的寓教于乐的教育理念，让大学生在学习过程中充满欢乐，充满信心，激发兴趣。具体的方法有：一是在教学管理方面，要增加人文关怀的相关内容，激发大学生自我提升与完善的愿望。二是在教育方法方面，要突出"乐中求学、乐中求教"，在教师与学生之间形成良好的师生关系，以积极的情绪来感染学生，达到以情施情、以情育情，实现教学过程中情知交融。三是提升教师教育教学水平与技能方面，要提升教师的职业素质，态度要随和，讲课幽默，深入浅出，化难为易，采用情景式教学，让教师对课程产生兴趣，并进行引导和点拨，提升教学质量和水平。

（三）拓宽思维空间，坚持循循善诱

循循善诱是教育过程中使用的方法之一，可以对误入歧途的受教育者通过正确的教育和引导，让他们回归正途，重新树立自信心、找回自我，让他们重新树立远大的理想和人生观、世界观与价值观。在传统文化的教育实践中，循循善诱作为一种广为采用的教学策略，其核心在于通过逐步引导与启迪，帮助学生摆脱消极情绪的束缚，重拾内心的平衡与稳定。具体而言，在传统文化循循善诱的教学艺术中，有两个核心手法，"举善而教不能"与"能近取譬"。前者，顾名思义，通过展示正面、激励人心的典范事例，激发学生的效仿热情与学习动力，这实质上是一种榜样引领的教学模式，旨在点燃学生内心的求知火种与进取之志。而后者则强调在讲授过程中，教师应善于运用丰富的例证与生动的比喻，从广泛的知识领域中汲取素材，以深入浅出的方式，将复杂概念拉近至学生易于理解的层面，实现从抽象到具体、由远及近的跨越，从而增强学生的理性认知与理解能力。循循善诱的教学方法在古籍中很常见，例如《论语·子罕》记载："夫子循循然善诱人，博我以文，约我以礼，欲罢不能。既

竭吾才，如有所立卓尔。虽欲从之，末由也已！"①又如：孔子针对子路的性格特点，问及关于君子的概念的时候，启发子路回答出"修己以敬""修己安人""修己安百姓"，使子路从不同角度认识到了君子的内涵。这是孔子通过对自己志向的表述，启发弟子树立正确的志向。这些是孔子在启发教学方面的例子。从这些案例中可以看出，孔子认为当学生达到愤悱的情绪状态的时候，才是教师进行启发的时机。这就说明受教育者要发挥其主体性和主动性，积极思考问题，当遇到困难的时候，教育者及时地点拨，给予启发，增强认识的深度和广度。循循善诱是孔子对启发式教学的理论概括。孔子以其广博的知识，启发学生的求知欲望，又循序渐进地引领弟子加深学问，使弟子掌握丰富的知识，学到修身的方法。

随着现代心理学的发展，人们开始意识到思维发展的层次性和阶段性，并将这两种特性运用到教育实践中。如今，我国正处在高速发展阶段，社会主义事业的建设需要全面发展的人才。因此，我们在大学生德育教育过程中，要注重教育者与受教育者之间的交流，从情感方面循序渐进，让教师与学生变成无话不说的朋友，彼此之间建立平等交流的关系，通过情感层面的深入沟通与共鸣，触动学生的心灵，启迪他们的智慧，同时，在恰当的时机引导他们转换视角，拓宽思考广度。此外，我们积极倡导大学生投身于各类富有意义的社会实践，利用这些活动锻炼他们的心理调节能力，促进其心理茁壮成长。在学业层面，我们同样给予充分的鼓励，激发并强化大学生的自主学习能力，纠正自身的不良习惯，抛弃错误的价值观，树立正确的价值观、人生观和世界观，抵御消极观念的侵蚀和外界因素的影响。

寓教于境这种教学方法的核心在于营造积极向上的氛围，构建有利于学习与工作的环境及和谐的人际关系，通过环境的潜移默化，影响个体的心理与思维方式，引导其摒弃不良习惯，树立正面价值观，最终实现教育的根本目标，即学生的全面发展。寓教于境，还可以说是环境熏陶，是一种隐性的教育方法，是根据人们的思想必然受到周围政治、经济、文化、思想和道德等环境影响而实施的。人作为社会的成员，在日常的社会生活中，社会生活方式、思想意识、文化水平和人际关系的好坏都会影响一个人的世界观、价值观和人生观。这就

①刘兆伟译注. 论语［M］. 北京：人民教育出版社，2015.

说明一个良好的客观环境对人的成长和进步有着十分重要的作用。

儒家圣贤在教育学生的过程中，提倡教育者主动创造优越的环境，使受教育者健康成长。例如：孔子曾提倡择友、择处，就是环境熏陶教育方法的体现。关于择友，孔子说："益者三友，损者三友。……友便辟、友善柔、友便佞，损矣。"①关于择处，孔子说："里仁为美，择不处仁，焉得知？"②这两句话形象地表达出孔子在选择朋友、环境时所遵循的最大原则，即创造一个良好的道德环境，让人在良好的道德环境中受到熏陶，以便"就有道而正焉"。荀子继承并发展了孔子的环境熏陶教育思想，他说"居楚而楚，居越而越，居夏而夏，是非天性也，积靡使然也"③，点明了环境对人品性格的重要影响。

高校是大学生德育教育工作的前沿阵地，高校的核心教育任务就是"立德树人"，引导学生学习并践行社会主义核心价值观，这也是高校德育教育工作始终追求的目标。因此，我们应立足中国传统文化，为学生创造良好和谐的人文环境。人文环境具有润物无声的魅力，通过营造良好的传统文化教育氛围或者从其他的相关课程进行渗透，学生会在潜移默化的方式下接受传统文化的道德理念与精神品格，进而树立科学的世界观、人生观和价值观。人文环境还具有巨大的塑造功能，能够使受教育者在情感、意志、价值判断、行为方式、道德修养等方面受到影响，塑造他们的真、善、美品格，唤起崇高的情感，洗涤心灵的污垢，改变冷淡、多疑、偏执的性格，培养大学生的竞争意识、宽容态度和健康心态，建立起和谐、信任、理解、互助的群体关系等。

当然，除了创造人文环境以外，还要创造良好的物质环境。学校的物质环境是个综合概念，涵盖了校园建筑、各类景点和学生活动所需的各种器材。良好的物质环境是学校的重要名片，能帮助学校吸引更多人才，对学校师生也有熏陶作用，能有效提升他们的审美能力。布局合理的校园物质环境，使其错落有致、焕然一新，从整体角度讲可以使大学生赏心悦目、心态豁达、心情舒畅，进而激起昂扬的斗志，还可以让他们产生认同感、使命感，进而逐步形成与学校人文精神相协调的行为习惯。

高校作为大学生德育教育研究、实践、创新的重要阵地，理应担负起为社

---

① 刘兆伟译注. 论语［M］. 北京：人民教育出版社，2015.

② 刘兆伟译注. 论语［M］. 北京：人民教育出版社，2015.

③（战国）荀子. 荀子［M］. 太原：山西古籍出版社，2003.

会培养德智体美劳全面发展的高素质人才的任务。因此，高校要以传统文化为载体，自觉挖掘其中蕴含的道德理念与精神品格，营造良好的校园文化氛围，引领大学生深入认知与理解祖国优秀的传统文化，培养学生深厚的爱国主义情怀，坚定中国特色社会主义文化自信。

第三节　中国传统文化与大学生德育教育的融合

一、大学生德育教育现状

新时代大学生德育教育的现状，从当前我国学生的总体表现来看，主流是好的，是积极向上的。由此可见，我国对当前社会舆论的评价与引导及政治策略在高等教育领域产生了显著的影响，有效地发挥了价值引领和表率作用。但是随着中国经济的快速发展以及文化的多元发展，大学生的人生价值观不时地会受到复杂的社会环境的影响，常常会发生一些思想行为与学生身份严重不符，更与高校要求的高道德标准相去甚远的现象，甚至部分学生在学业上缺乏钻研精神，不思进取，在工作中缺乏责任心，好逸恶劳，在生活中缺乏生活热情，佛系颓废，等等。大学生的价值观呈现出多元化、复杂化趋势。我国大学生德育存在的问题主要体现在学校与学生两个层面。

（一）学校方面的不足

当前我国大学生德育现状主要表现为：德育活动难以通过有效的方式开展并实现德育目标，在实践中遇到了运行性障碍。大多德育实践活动，学生作为主体，参与度与积极性都不是很高，难以达到入脑入心的教育效果。具体而言，主要体现在以下四个方面。

1. 学校德育活动难以有效开展

高校是大学生思想品德教育的核心场所，德育教学则被视为校园德育体系建设的关键途径。然而，当前校园思想品德教育正遭遇重重挑战。这些挑战不仅源于德育活动外部环境的变化，更直接体现在德育活动内部要素间的矛盾。学生作为思想道德发展的主体，与教师（思想道德教育活动的实施者）及课程内容（思想道德教育的媒介）之间存在矛盾，导致德育活动未能赢得学生青睐，难以顺利推进。

在情感层面，学生对德育实践活动表现出冷漠、忽视和兴趣匮乏的态度，缺乏主动参与的意识和积极性；在心理层面，许多大学生在提及德育教育时持有抵触与抗拒等消极情绪，对德育教育中涉及的内容和实践活动持怀疑态度，不愿主动投身其中；在行为表现上，大部分学生在学校安排的思想道德修养课程上做一些与德育课无关的事情，如阅读无关书籍、听音乐、聊天、打游戏。

德育作为一项系统性工程，需要师生及德育教育内容等要素紧密配合才能实现有序且高效地实施。在组织德育活动时，学生对德育内容的排斥和对德育活动的抗拒，反映出德育活动各要素间融合度不足，进而导致德育活动难以顺利、有效地开展与落实。

2. 学校德育教育受重视程度不够

我国的教育战略目标是促进学生德智体美劳全面发展。其中，德育在教育体系中占据首要位置，肩负着培养学生思想意识、政治觉悟和道德品质的重大使命。我们提倡素质教育，培养全面发展的人才，强调学生民族自尊心、民族自信心、集体主义和社会主义思想的培育，这是素质教育的核心要义。然而，在现行的高等教育实践中，德育的关键性地位往往被边缘化，甚至遭受忽视与摒弃。高校对德育教学的投入不足，德育的重要地位仅停留在理论层面，未能在实际应用中得到真正的执行与落实。

3. 学校德育教育效果不佳

学校德育的根本任务和总体目标是将学生培育成具有高尚理想和坚定信念的社会主义现代化事业的建设者和接班人。然而，从目前我国高校德育教育效果来看，与既定的德育目标及社会的期望之间存在显著差距。青年学生作为学校德育教育的主体，在道德思想方面存在若干问题：过度以个人利益为中心，忽视集体利益及社会利益；部分大学生存在心理问题，在行为层面，校园暴力、自杀等极端现象时有发生；对学习抵触、网络成瘾、青春期恋爱；等等。这些问题的存在导致学校在德育教育层面遭到社会的质疑与批评，进而使社会对高校德育教育失望，这些问题在一定程度上也佐证了当前高校德育教育效果不佳，学校的德育教育的针对性与实效性有待提高。

4. 德育教育方式有待改善

长期以来，高校的德育之所以达不到入脑入心的效果，实现不了预期目标，在很大程度上是由于德育教育方式方法没有改进。在大多时间，德育教育主要还是采用教师说教、灌输式的教学模式来完成，忽视了学生作为教育的主体性地位，没有对学生进行分析，没改进教学理念，没有切合学生实际、采用学生喜闻乐见的方式开展，因此难以引发大学生的思想共鸣，从而导致学生很难从内心情感上真正接受或认同德育内容。

（二）学生方面的不足

当前我国大学生德育现状主要表现在大学生的价值观呈现出多元化、复杂化趋势。新时代的大学生追求有其独特性，其价值观尚不稳定，时常出现迷惘、失落的现象。而且大学生在情感方面具有不稳定性，容易产生较大的情绪波动，比较容易出现偏激、冲动的情绪波动。当前大学生的价值观主要表现在以下三个方面。

1. 价值主体确立的自我化

新时代大学生在自我价值认知上展现出新的态势，他们高度重视个体的价值实现，具有强烈的自我意识，倾向于将价值主体聚焦于自我。而在集体观念、团队精神、大局意识和社会整体意识方面相对薄弱。他们虽然认同集体主义是社会价值观的基础，但同时也秉持着人性本自私的观念。因此，他们在行为选择上更倾向于个人主义，优先考虑个人利益，并以此作为立身行事的标准。在理念层面认可集体主义，但在实际行动和决策中，常常以个人利益为出发点，思想与行为不一致。中国传统文化推崇"忘我""利群"以及"先公后私"的价值观，这一观念历经数千年的文明沉淀，已深深植入中华民族的潜意识之中，形成一种深层文化心理。此外，受到中华人民共和国成立后长期实施的集体主义教育影响，我国大学生的初始价值取向一直以来都是以集体利益为主导。然而，改革开放至今，源自西方的个人主义持续对大学生的集体主义理念造成影响。以"自我实现"为基石的价值观，刺激了大学生长久以来被抑制的个性意识，进而增强了他们的自我意识。

2. 价值取向选择的功利化

在大学的德育教育中，高校教师常常强调"人生的价值在于奉献"，大多数大学生在思维观念上也同意与赞成，然而，在实际行为表现上，他们往往难以将这一理念贯彻始终。在追求个人理想与人生目标的过程中，部分大学生以

"实现个人价值"为由，没有远大的理想和抱负，偏重物质利益而忽视无私奉献，重视金钱回报而轻视理想追求，倾向于等价交换而不愿意付出爱心，由此可见，他们的价值取向逐渐趋向于功利化。

3. 价值目标确定的短期化

西方个人主义的持续冲击，使当代大学生过分重视个体地位，当面临个人发展目标与社会发展目标、短期目标与长期目标的选择时，他们往往倾向于前者。当个人目标与社会目标发生冲突时，他们更倾向于关注个人目标。面对那些对自身利益无明显益处的事物时，往往表现出冷漠甚至明确拒绝的态度。部分大学生过于关注实用性和短期收益，而忽视长期目标的追求，缺乏职业生涯上的远大抱负。这种短视行为使部分大学生过于注重得失，容易被短期利益所驱动，导致大学生对人生未来发展方向缺乏明确目标，忽略了为长期利益和发展奠定坚实基础的重要性。随着现代科技的飞速进步，当前已步入媒介丰富、网络信息高度发达的时代，不少大学生在面对众多网络现象时感到困惑，某些情况下出现了价值观的迷惘。新时代我国大学生的价值观现状，对构建和谐文化和实施德育教育提出了新的挑战和要求。

二、大学生德育教育意义

（一）是实现立德树人的重要要求

中华优秀传统文化中所蕴含的思想观念、人文精神、道德规范以及对理想人格境界的追求，本身就体现了社会道德教育和人的全面发展的要求，将之与大学生的德育教育相结合，既是践行立德树人的重要要求，也是通过培养大学生的道德品质来塑造大学生的理想信念、社会责任感和创新精神。随着大学生道德水平的提升，他们逐渐养成良好的道德行为规范，并由此培养出自觉的道德观念，在此基础上，他们不断完善自身，实现自我超越，真正成长成为担当民族复兴大任的时代新人。

（二）是提升大学生人格境界和修养水平必然要求

大学生作为社会群体的一部分，他们充满朝气、思维开阔、斗志昂扬、不拘一格，他们年轻、博学多才、勇于开拓创新，能够认识到自身的不足并加以改正。大学生具备的这种积极力量使他们能够推动历史发展、促进社会进步。但是由于大学生的生活阅历较浅、涉世不深，再加之当前各种价值观念和社会思潮纷繁变幻，各种思想文化交流日益频繁，使得新时代的大学生正确思维观念、道德修养、人格境界追求的形成过程，不可能是一蹴而就的，会经历多次反复、曲折发展的过程。通过加强大学生德育教育，大学生可在一定程度上领略与认知中国传统文化的博大精深，继承和发扬中国的传统美德，注重自身高尚道德品格培养，追求完美的人格境界，提升修养水平，最终建立正确的世界观、人生观、价值观。

（三）是保证大学生健康成长的需要

新时代的大学生大多数是独生子女，在顺境中成长，在家中享有独尊的地位和优待。一部分学生家庭条件优渥，父母的娇宠让他们处在生活的理想世界中，甚至追求奋斗的道路都已由父母安排。安逸优渥的生活条件可能导致当代大学生在意志品质、信仰和长期目标追求上出现动摇。他们在面对挑战时缺乏坚韧不拔的毅力和独立自主的决策能力，对于未来的规划和理想往往缺乏思考。在遇到困境时，他们可能倾向于逃避或感到迷茫。大学时期是道德意识、情感态度形成和发展的关键时期，然而，由于他们的人生经验相对有限，对是非善恶的判断往往不够明确，且自我管理能力有限，容易将一些低俗化的信息误认为是可接受的。由此看来，强化大学生的德育教育，提升其思想道德素质，培育他们成为具有高尚品德、关爱他人、具备责任心的个体，同时培养他们追求更高层次的道德意识，努力成为一个为社会奉献的新时代奋斗者，具有重要意义。

（四）是构建社会主义和谐社会的重要基础

当前，大学生德育教育的主要内容包括马克思主义指导思想、中国特色社会主义共同理想、习近平新时代中国特色社会主义思想、社会主义荣辱观、社会主义核心价值体系以及社会主义核心价值观，其内容大体上可以划分为世界观教育、政治观教育、道德观教育、人生观教育、法治观教育五个方面。其中，以为人民服务为核心、以集体主义为原则，包括社会公德、职业道德、家庭美德、个人品德在内的社会主义道德观教育是当下德育教育的基础性内容，而我们大力倡导的社会主义核心价值观教育归根结底也是关于公民道德、社会道德的道德观教育。我国的社会主义核心价值观不是无源之水、无本之木，而是有着中华五千年文明的内涵，是中华优秀传统文化的智慧凝结，也是对中华优秀传统文化的继承和升华。所以以社会主义核心价值观为主体，对新时代大学生进行德育教育，不仅仅是实现大学生个体行为与美好人格养成的价值参照标准，更是为构筑和谐社会提供具有时代性高度的价值洞见。因此，加强大学生德育教育是构建社会主义和谐社会的重要基础。

三、传统文化融入大学生德育教育存在的问题

在新时代我们有着实现中华民族伟大复兴的中国梦，在实现中国梦的伟大征程中，大学生的德育教育工作任重道远。加强大学生的德育教育建设，努力完成好"培养什么人，如何培养人"这一立德树人的根本任务，必须深入挖掘中国传统文化的德育功能，在高校开展传统文化教育，以此不断丰富大学德育教育的内涵和手段，提升其针对性和实效性，方能更好地实现德育的价值和目标。当前，中国传统文化在融入大学生德育教育方面存在一些问题，主要体现在以下三个方面。

（一）认知不足

建立全面培养德智体美劳的育人体系乃是高等教育机构的重大职责。然而，部分高校在实践过程中存在偏重智育、轻视德育的现象。为了提升本校的专业素养与教育质量，这些高校往往将更多精力投入到专业课程的教学中，而对于德育教育的重视程度相对不足。分析其根源，主要还是在于学校与学生对于中华优秀传统文化普遍存在认知不足。他们没有深入理解数千年华夏文明的深层智慧，更未能充分认识到这些优秀的传统文化元素对于学生个人未来生活轨迹及职业道路发展的深远影响。因此，在具体的教育教学活动中，高校往往忽视了对优秀传统文化的深入挖掘与融合，导致学生在文化底蕴方面匮乏，使得他们更容易受到外界负面文化的影响，长此以往，将对学生的身心健康与全面发展产生不利影响。

（二）实践性缺乏

中华文明的广泛传播与深入发展，使越来越多的高校意识到在教育教学体

系中融入传统文化的重要性。然而，大部分高校仅将优秀传统文化和学生的德育课程相结合进行简单讲解，这表明高校在进行优秀文化教育时，仅侧重于理论教育，而忽视了实践性的教育引导。因此，在实际进行德育教学时，学生往往难以真正理解和掌握优秀传统文化的内涵与实质，不能做到真正领悟其核心价值和深层内涵。

（三）内涵挖掘不够

尽管部分高校已经将中国传统文化教育纳入课程体系，并专设相关课程，但多数情况下，这些课程被当作文学类课程来组织与实施，对于其中所蕴含的文化精髓、精神特质以及价值观念，并未进行深入且全面的解读与阐释。由此导致中国传统文化的德育功能未能得到有效发挥，甚至可能使学生对中国传统文化产生曲解，进而阻碍了传统文化与德育教育的有机融合。此外，在将优秀传统文化融入课程讲解的过程中，也缺乏相应的制度保障和标准规范，这可能会引发学生对文化理解不够深入、教学质量不高等一系列问题。

四、传统文化与大学生德育教育的融合路径

（一）加强传统文化传承

文化是民族的血脉，是人民的精神家园。中国传统文化孕育于远古，其历史源远流长，内容博大精深，五千年的中国文明虽历经波折，但文化脉络清晰，从未中断。中国传统文化的浮沉更迭与中华民族的荣辱兴衰始终相关联。党的十八大以来，进一步明确了大学应当秉持"立德树人"的宗旨，习近平总书记要求以社会主义核心价值观为引领，把传承中华优秀传统文化与践行社会主义核心价值观紧密结合，把新时代大学生培养成为有崇高理想信念、热爱国家、品德高尚的有志青年，为实现中华民族伟大复兴贡献自己的青春力量。大学生的德育工作，从形成过程而言，本身就是以文化人、以文育人的结果，由于经济全球化、文化多元化的逐渐影响，新时代的大学生思想观念日益复杂、多元，在实现中华民族伟大复兴的征程中，把大学生培养成为具有崇高理想信念和良好道德品质的新时代人，对大学生进行德育教育，任重道远。中国传统文化重道德价值和道德修养，对内要求以自我为主体，主要通过自我修炼、礼乐教化

和环境熏染达到理想的人格境界，追求与向往圣贤；对外则要求以一套完整儒学伦理体系追求治国平天下。因此，中国传统文化有着深厚的德育教育的特质，也正因为中国传统文化有着这样的特质，自然而然与大学生的德育教育形成了一种"融合"关系，博大精深的中国传统文化为大学生的德育教育提供了丰厚的德育资源，为了传承和弘扬中国优秀传统文化，深入挖掘传统文化中德育教育的根源与底蕴是不可或缺的。

1. 传承爱国精神，培养国家意识

爱国主义精神与情怀是中华优秀传统文化的重要内容，也是几千年来中华民族代代相传的宝贵精神基因。中华民族之所以能在漫长的历史长河中持续繁衍、不断进取，得益于爱国主义精神与情怀所赋予的坚韧不拔的内在动力。中国传统文化中爱国主义精神与情怀首先源自大一统的思维观念。早在数百万年以前，中华民族的祖先就在黄河、长江两大水系的哺育下栖息繁衍，发展农业，定居中原，自此，中华先民们依靠农业立国，自给自足，在此自然经济基础之上，孕育并萌发出对故国家园的深切眷恋之情，并为了保护这片赖以生存的土地，愿意付出生命。所以在《史记》开篇记述五帝事迹的篇幅中，炎、黄二帝的部落因发生战争而最终融合在一起，其根本原因在于对自己部落生存领地的争夺，而战败的部落最终融入胜利者的阵营中，炎帝部落战败，融入黄帝的部落，才有了中华民族不断绵延发展的历史。

在自给自足的经济基础上，先民们构建起了家庭与国家结构相融合的政治组织形式，在此基础上，逐步形成了中华民族深厚家国情怀、对国家忠诚不渝的爱国主义精神和文化传统。《诗经》中"普天之下，莫非王土，率土之滨，莫非王臣"[①]，明确地表达了国家统一与家国一体的思想观念。这一思想逐渐塑造了中华民族"世界大同""普天之下皆兄弟"的集体心理与民族认同。在中国古代，人们在处理家庭与国家关系时，始终倡导以国家利益为重，提倡为了公共利益而牺牲个人利益的崇高理念，如《礼记》"大道之行也，天下为公"[②]，屈原《离骚》"路漫漫其修远兮，吾将上下而求索"[③]，《汉书·贾谊传》"则为人臣者主耳忘身，国耳忘家，公耳忘私，利不苟就，害不苟去，唯义所

---

① 张南峭校注. 诗经 [M]. 郑州：河南人民出版社，2020.

② （西汉）戴圣. 礼记 [M]. 西安：西安交通大学出版社，2022.

③ （战国）屈原. 楚辞 [M]. 哈尔滨：北方文艺出版社，2019.

生"①,《孟子》"如欲平治天下，当今之世，舍我其谁也"②。家国天下、民族融合、天下统一的理念与心理，以牺牲个人而成就整体利益的精神，使中华民族不畏艰难险阻，饱尝酸甜苦辣，不断铸就了辉煌。在新时代，继承和弘扬爱国主义精神的核心在于培养大学生不图私利的高尚品德以及心怀大义的民族气节，坚决维护民族团结与统一，弘扬国家意识，把大学生培养成为有高道德修养水平、有强烈社会责任感、有奉献精神的人才，为实现中华民族伟大复兴凝聚磅礴力量。

2. 传承变革精神，增强创新意识

《易经·系辞》中说，"生生之谓易"③，即变化无穷、生生不息的意思。在中国的传统文化中认为事物的根本属性是变化，天地间无一物不在变化之中，而《周易》就是在展现这种变化所必须遵循的规律。《易经·系辞下》中讲："穷则变，变则通，通则久。"④这是对变化重要性的深刻阐述。变化源于困境，困境激发变革，而变革则是事物持续存在与发展的关键，一成不变，意味着没有发展。中国传统文化中这种"变化无穷、生生不息"的思想，表达出了不论宇宙、自然、人类、社会，只有在不断变化中，才能获得生生不息的永恒。而对于人类社会的发展，"变"的驱动力在于人本身。《易经》中的"天行健，君子以自强不息"则是对人在变革中应持有的态度的期许。天道运行，四时变化，是任何力量都无法阻挡的，表现出一种刚健有为、强劲的态势。而作为天地间最有灵性的人，就应该效法这种精神，自强不息，使人类社会与文明向前发展。这种坚毅奋进、自强不息的精神，应成为民族的灵魂。唯有具备这种精神的民族，才是充满希望与潜力的民族。而这种精神的原动力，源自于不断的创新。所谓"苟日新，日日新，又日新"，只有求变求新，人类社会才能不断克服困难，向前发展。而求变求新，即创新。

创新意识是创新的基石，唯有具备创新意识，方能孕育出创新思维与创新行为。纵观中华人民共和国改革开放以来的发展，特别是十八大以来，中国在政治、经济、科技、军事、教育、民生等各个领域都取得了辉煌成就。中国共

①（东汉）班固. 汉书［M］. 杭州：浙江古籍出版社，2000.

②（战国）孟子. 孟子［M］. 哈尔滨：北方文艺出版社，2019.

③ 于海英译注. 易经［M］. 北京：华龄出版社，2017.

④ 于海英译注. 易经［M］. 北京：华龄出版社，2017.

产党凭借强烈的责任担当与坚定的政治决心，提出了一系列全新的理念、思想和战略，成功破解了众多长期以来悬而未决的难题，取得了让世界瞩目的成就，这得益于党和国家敢于变革谋发展，有创新意识。培养大学生的创新意识与创新精神，已然成为新时代高等教育的重要使命。而创新意识与创新精神并非与生俱来，需要后天的培养，需要经过长期坚持不懈的教育塑造。在新时代，踏上实现中华民族伟大复兴的中国梦的征程，对大学生开展德育教育，首先应让大学生从中国传统文化的资源中学习和传承变革的精神，增强创新意识，培养其创新精神。

3. 传承道德修养，弘扬践行精神

中国传统文化强调道德修养，认为个体之所以应受到敬重，根本原因在于具备了道德品质。那么，为什么要修养道德？《中庸》中讲："道不远人。"[1]因为在现实利益的诱惑之下，人容易偏离道的方向而误入歧途，"为政在人，取人以身，修身以道，修道以仁"[2]。人只有在提升了自身的道德品质，坚持了道德实践，才能达到"道不可离"。因此，历代的思想家及圣贤的君主们都非常重视道德教育。中国传统文化中的道德教育以其开创性的丰富内容和鲜明特色为中华道德文明和古往今来的德育活动贡献了具有永久魅力的优秀"基因"，并决定了其德育思想能够在与当代社会发展的对话、沟通中，呈现跨越时空的重要价值。对于新时代的大学生来说，通过培养人格品质实现提升道德修养的目标，中国传统文化中的德育思想主要体现在守诚信、崇正义两个方面。

"诚信"一词，在日常交往中体现为个体的诚实与守信行为，具体表现为态度诚恳、忠实可靠以及恪守承诺。在中国传统文化中，"诚"与"信"最初是作为两个独立的概念存在的。关于"诚"，孟子曾言："诚者，天之道也；诚之者，人之道也。"而"信"的核心意义是指恪守承诺、表里如一，以及诚实无欺。《说文解字》中提到，"人言为信"，是指"信"字由人言构成，意味着人的言语应当可信。程颐的"以实之谓信"进一步阐释，"信"是指事物的真实性和可靠性，即不仅要求言语上的真实可信，避免空话、假话，也强调在行动上的诚实可靠。在探讨"诚"与"信"的关系时，可以看出"诚"主要侧重

---

① （战国）孔伋. 中庸［M］. 南昌：二十一世纪出版社，2015.

② （战国）孔伋. 中庸［M］. 南昌：二十一世纪出版社，2015.

于个体的内在道德品格，体现为一种态度上的真挚。相对而言，"信"则侧重于个体的外在行为表现，即如何将内在的真挚情感转化为具体、可观察的行为。将内在的"诚"与外在的"信"融为一体，便构成了兼具内心与外在修养的复合概念。这一概念历经千年传承，受到中华民族高度重视，成为民族引以为傲的行为准则与道德境界，进而形成了深刻且复杂的"诚信观"。例如，春秋时期晋文公在"城濮之战"中恪守先前与楚君的承诺"退避三舍"；吴国公子季札在出使归途中发现徐国国君已去世，便把剑挂在其坟墓边的树上的故事；东汉时，山阳书生范式与汝南书生张劭相约再见，两年后果然如期赴约的故事；等等。这些故事之所以广为流传，就是因为故事的主人公都将"诚信"作为自己的行为规范和座右铭，将"诚信"作为自己的人生信条之一。守信用、讲信义是传统文化中公认的价值标准和基本道德。

"正义"是指人们依照特定的道德准则行事的原则，通常也指一种道德评价。"正义"一词最早出现于《荀子·儒效》："不学问，无正义，以富利为隆，是俗人者也。"[①]它最初萌芽于原始社会中的平等观念，最终形成于私有制形成后的某个阶段。简言之，正义指的是人们在社会中按照道德规范作出的行为，一般被认为是公平与公正的象征。对个人来说，正义是其行为背后的道德原则与价值尺度。《中庸》中提到："义者，宜也。"这意味着"义"指的是恰当、合理的行为，体现了人伦关系中的道德义务。"义"是个体在社会上生存发展所需遵守的原则和行为规范，不管对国家，还是家庭与朋友，个体都应坚守道义。孔子言："君子喻于义，小人喻于利。"当面临"义"与"利"的抉择时，儒家主张"义以为上""先义而后利者荣""见利思义"，即优先考虑道义，遵循正义之路。修养道德最重要的就是修心，"君子喻于义，小人喻于利"，一个人的行为方式和行为都是由"心"决定的，而心正则行正，正义应该是一个人判断是非善恶的标准，更应是孜孜以求的道德准则。

诚信、正义是一种人生选择，同时也是一种人生态度，是新时代的大学生应该遵守的基本道义，也是最基础的道德修养的表现，诚信与正义和社会主义核心价值观所倡导的诚信、平等、公正理念相承接，成为构建社会主义和谐社会的重要保证。因此，培养新时代的大学生成为诚信、正义的人，是十分必要

---

① （战国）荀子. 荀子［M］. 太原：山西古籍出版社，2003.

的。当然，要将道德修养的规范内化为心理标准，升华为个人的理念，并转化为自发的行为，以实现自身在道德层面的富足，需要弘扬践行精神，就是要提倡"力行"。所谓"我欲仁，斯仁至矣"，通过践行，才能真正成为一个道德修养高尚的人。

4. 传承天人合一思想，强化和谐思想

中国古代强调人与自然的和谐共生，即天人合一的理念。中国传统文化认为，天与人、天道与人道、天性与人性之间存在着相通之处，因而能够达成统一。《易经》中"夫人者与天地合其德，与日月合其明，与四时合其序，与鬼神合其吉凶"的论述，精妙地阐述了天人合一的思想。古代的哲学家认为，人不能超越自然的承受去改造自然、征服自然、破坏自然，人应当与自然和睦相处。和谐的状态在中华儿女的血脉里，有着非常深厚的文化积淀。和谐不仅是指天人合一的和谐，延伸至人类社会，涵盖了社会、个体与个体之间、个体自身以及文明进程中各种元素和要素之间的相互作用。在冲突与融合动态的过程中，这些元素和要素共同创造出新的生命力和创造力，成为个人成长和社会进步的动力源泉。因此，孔子强调"君子和而不同""和为贵"，孟子则认为"和也者，天下之大道也""地利不如人和"。和谐作为古人对于社会关系的一种理想化追求，和谐的状态是人类社会的终极目标，但在实现的过程中，首先需要实现个体与他人之间的和谐，然后才能实现个体与社会、物质世界以及其他文明之间的和谐关系。要实现这一全领域的和谐关系，"和合"便是一条非常重要的途径。

2020年我们国家实现了全面建成小康社会的宏伟目标，经济实力日益增强，国家各项体系制度逐步完善，同时文化娱乐和教育等领域的繁荣也在不断显现。个体在社会关系中占据着举足轻重的地位，在社会关系的各个层面中，个体必须紧跟时代步伐，不断强化自身的道德修养，提升道德水准，这一点始终是至关重要且不容忽视的。孔子所言"君子和而不同，小人同而不和"，正是以人们对"和合"理念所持有的态度差异为基础而作出的根本性论断。构建和谐社会，关键在于弘扬和挖掘传统文化中和谐思想的时代意义。新时代的大学生作为建设社会主义现代化的主力军，传承传统文化中和谐的思想与理念，使之内化于心、外化于行，成为新时代的大学生共同崇尚的核心精神，这无疑对推动社会主义现代化建设的健康、有序发展，有着重大的意义。

（二）进行立足传统文化的德育创新建设

学术界有学者曾把中西文化进行对比与对照，认为西方文化的特点是"智性"，中国文化的特点是"德性"。这种"德性"文化突出强调道德价值和道德修养，中国传统文化历史悠久，内容博大精深，其中蕴含着丰富的德育工作资源，特别是在人格境界、社会理想、和合氛围、义利追求、天人观、知行观、伦常观等方面，有着深厚的文化底蕴与文化内容，而这些内容正是开展大学生德育工作的丰厚滋养，在融入高校德育理论和实践之中，可以达到润物无声、化人无形的教育效果。

中国传统文化中包含着丰富的德育教育资源，它不仅有利于凝聚力量、振奋精神，而且通过深入挖掘和阐发其中所蕴含的深厚内涵与积极向上的精神品格与道德理念，使之与当下的大学生德育教育高度融合与对接，可以充分发挥中华优秀传统文化以文育人、以文化人的德育教育功能，对于提升新时代的大学生文化自觉、文化自信、文化自强有着重要意义。同时，大学生的德育教育又担负着传承和弘扬优秀传统文化的重要使命，将弘扬中华优秀传统文化融入大学生德育教育的过程中，有利于增强德育教育的文化意蕴，也有利于提升大学生德育教育的时效性与针对性。因此将中国传统文化资源诉诸新时代大学生德育教育的实践之中，在不断挖掘中国传统文化的优秀特质和发挥德育教育价值的过程中，逐步为社会主义道德建设提供重要驱动力。

如何立足中国传统文化，积极研究、开发、整合传统文化资源，并适时地转化成大学生德育教育的重要资源，不断提高利用效果，以造福新时代的大学生，是当下从事德育教育工作人员深入思考的问题。

1. 打造传统文化资源开发平台

高校要将传统文化的德育资源融入大学生的德育教育教学实践中，首先要重视传统文化资源平台的建设，重点开展传统文化资源的挖掘，如现在很多地方高校利用其地域特点，建设地域文化研究所，对地方传统文化的资源开展积极的研究、开发与整理，并充分发挥本校传统文化教师骨干的作用，形成各具特色的研究风格和研究成果。其次要通过传统文化资源平台的建设，深度挖掘中国传统文化的文化品格、优秀道德与价值理念，促使学生领会其中所蕴藏的人文内涵，使学生在知识层面上感受到中华优秀传统文化的魅力和强大的精神力量，并引领他们将内在的知识文化向道德素养层面进行转化。打造传统文化资源开发平台，理论联系实际，积极开发校本课程，扎实开展传统文化进校园活动，为大学生德育教育做有益探索。

2. 构建科学的传统文化教育内容体系

在经济全球化背景下，研究和开发传统文化德育资源，需要我们深入把握其内涵、特点和优势，紧密结合我国建设中国特色社会主义、实现中华民族伟大复兴的实际，紧密结合培育爱国主义精神、建设社会主义先进文化的现实需要，创造性地开展研究，积极探索以传统文化德育资源为主线的内容体系。传统文化德育内容体系，我们认为主要包括以下内容：一是中国传统文化德育内容的丰富内涵。中国传统文化形成了以"仁"为核心的丰富的德育内容体系，阐发了诸多具有民族特色且源远流长的中华传统美德，其中有许多思想理念和道德规范与现代德育教育的教育内容，尤其是与社会主义道德观教育相契合，从而能够为涵养现代大学生德育教育内容提供重要土壤和宝贵资源。二是中国传统文化的丰富形态。中国的传统文化包含了人类衣食住行的方方面面，文学、哲学、建筑、雕刻、绘画、音乐、舞蹈、中医、武术、剪纸、服饰、饮食、民俗等方方面面皆是文化，都蕴含有深厚的优秀道德与价值理念，都具有教育人、鼓舞人、感染人、激励人的德育价值。三是中国传统文化的丰富精神。中国传统文化历史悠久、博大精深，有着自己民族的精神与特征。正是这种民族精神使我们保持了民族独立与国家特色。中国传统文化的精神内容丰富，有待高校集中开发与研究。

3. 建立传统文化实践基地

中国传统文化资源开发的目的在于运用，我们要积极发挥其有效作用，提升大学生德育教育的实效性，依托文化博物馆、文化展览馆等物质载体，建立一大批大学生传统文化实践基地。当前，我国各地以及高校，也建立了自己的文化教育基地，这些基地的建立和免费开放，为大学生德育实践活动的开展创造了有利条件。今后，高校要主动加强与基地的联系，注重双边合作关系，丰富和充实合作内容，扎实推进传统文化融入大学生德育教育。

第四章 中国传统文化与思想政治教育

本章为中国传统文化与思想政治教育，综合阐述了中国传统文化对大学生思想政治教育的意义、大学生思想政治教育中传统文化的缺失以及中国传统文化与大学生思想政治教育的融合。

第一节 中国传统文化对大学生思想政治教育的意义

中华优秀传统文化蕴含着丰富的哲学思想和艺术价值，是我们国家不可或缺的精神财富。当前我国正处于社会转型的关键时期和全面深化改革的攻坚阶段，各种文化观念交织碰撞，对人们的价值观念和认知体系产生了深远的影响。

对于当代大学生而言，他们正处于人生的黄金时期，也是价值观形成和确立的关键阶段。在这一时期，优秀传统文化对大学生来说尤为重要。它不仅有助于学生树立正确的价值观念，培养良好的道德品质，而且还能加强他们的社会主义信仰，激发他们的爱国情怀和社会责任感。

实际上，大学生价值观的塑造与养成直接关系到我国社会主义事业的发展方向和中华民族伟大复兴的历史进程，更与实现中华民族伟大复兴的中国梦息息相关。因此，将传统文化的传承与大学生的思想政治教育相结合显得尤为重要。通过这种融合，不仅可以使大学生更好地理解和认同中华民族的优秀文化传统，还能引导他们将个人梦想与国家的发展目标紧密结合，为实现中国梦贡献青春力量。

一、引导大学生树立正确的世界观、人生观和价值观

中华文明数千年的积淀孕育了包括儒学、道学、佛学、易经、中医、武学、

文学、书法、绘画、饮食文化、民族工艺及戏曲等在内的丰富多样的优秀传统文化，这些文化瑰宝体现了中华文明的博大精深。在这样的文化背景下，中国古代教育尤为重视培养学生的道德修养和人文素质，强调德才兼备，倡导培养具有"圣人"或"君子"品质的人才。因此，古代的教育并非仅限于知识和技能的传授，更注重的是对学生进行全面的人文品格塑造。古代教育的教学内容丰富多样，涵盖了礼仪、音乐、射箭、驾车、书写、算术等多个学科，这些学科的设置是为了全面提升受教育者的人文素养和道德情操。射箭、驾车、书写和算术等学科具有一定的实用技能性，但这并不是教育的终极目的，而是为了促进个人的道德修养和人文精神的升华。

在中国传统文化中，道德至上是核心的价值追求。儒家思想强调，在生活中唯有践行道德，方能实现人类生活的最高理想与完美境界。在中国古代，个人所追求的是一种道德完善的理想人格，并期望以此达到道德充溢的理想生活状态。孔子言："仁乎远哉？我欲仁，斯仁至矣！"[1]这表明通过不懈的努力，人们可以达到道德的至善境界，实现"天下归仁"的理想。在这种道德至上的思想指导下，德行成为文化教育的中枢。中国传统教育更侧重于伦理教育而非单纯的知识传授，认为道德教化与人格塑造是人生不可或缺的要件，而知识的追求则处于辅助地位。这种教育理念，即将德育置于教育首位的思想，对当代高等教育仍具有重要的启示和参考价值。

在现代社会中，随着西方多元价值观念的输入，一些可能不利于大学生形成健康道德观的因素悄然渗透进他们的日常生活，导致部分学生出现了价值观上的困惑。然而，中华优秀传统文化为大学生们展示了崇高的道德榜样，对于塑造他们的价值观念起到了关键的引领作用。孔子的哲学思想和行为规范，以及文天祥、林则徐等历史人物的爱国情怀和高尚品德，对大学生而言具有深刻的教育意义。这些古代贤人的事迹和精神，不仅为大学生的道德实践提供了宝贵的参考，也为他们在处理人际关系和社会责任方面提供了学习的典范。

显而易见，中华优秀传统文化在当代大学生思想政治教育中的重要性不容忽视。这一文化体系乃是数千年来先贤们智慧的结晶，是通过不断研究与探索而精炼成的卓越成果，蕴含着深刻的哲理与智慧。它不仅对古代社会产生了深

---

[1] 刘兆伟译注. 论语［M］. 北京：人民教育出版社，2015.

远的影响，而且经过后世不断地筛选与提炼，对现代社会同样具有重大的指导意义。这些优秀的文化遗产影响了无数中国人，甚至跨越国界，对外国人也有所启迪和影响。

将传统文化元素整合到现代大学的思想政治教育体系中，对帮助学生构建科学的世界观、人生观和价值观具有积极作用。确立并坚守这些正确的观念是一个持续且充满挑战的过程，它要求坚定的意志力和长期的自我牺牲精神。正如毛泽东同志所指出的，只有通过不懈努力，个人才能够成为一个道德高尚、思想纯粹、有益于人民的人，从而摆脱低俗的兴趣，追求更高的精神境界。

传统道德文化在提升大学生整体思想文化素质方面扮演着正面的角色。中华优秀传统文化的丰富内涵，涵盖了科学探索、艺术创造、哲学思想以及道德准则等多个层面。通过对这些文化遗产的学习与领悟，学生能够提升自身的人文修养，并且有助于他们形成理想的个性特征。特别值得一提的是，中华优秀传统文化强调人际关系的和谐共处以及对集体主义和社会和谐的重视，这有利于大学生培养"仁爱孝悌"等传统美德。这种美德的培育对于大学生形成正确的世界观、人生观和价值观具有不可忽视的作用。

我国正处于改革开放的深化阶段，正经历着从传统的计划经济体制向现代市场经济体制的转型，这一过程本质上是一次深刻的社会结构变革。市场经济以其强大的动力和效率，推动着社会的快速变迁，但同时也可能引发一系列问题。市场经济的快速节奏和对即时回报的追求有可能导致文化价值的稀释，甚至出现反文化现象的涌动。如果不加以适当引导，可能会导致文化荒漠化，造成人们精神家园的荒废和民族文化的衰退，导致狭隘的实用主义、拜金主义和个人主义盛行。

因此，在科技迅猛发展和经济高速增长的背景下，更需倡导人文关怀，在推进物质文化建设的同时，也要加速构建社会主义精神文明体系。大学生在投身科学研究之际，也应致力于提升自身的人文素质。

二、有利于大学生树立民族自信心和自豪感

观察全球历史变迁，尤其是在第二次世界大战结束之后，我们可以明显观察到一些资本主义国家，诸如法国、日本、德国等，出现了对自身历史进行全盘否定的思潮。这种思潮带来的后果是深远的，它使得人们对于过去的社会结

构产生了幻灭感,对于国家和民族的未来走向感到困惑和迷茫。在这种影响下,一部分青年开始对曾经被视为至高无上的"民族""国家"和"理想"等概念产生怀疑,这些曾经能够激发人们热情和动力的词汇逐渐失去了它们昔日的光辉和魅力。

在这种背景下,一种自我中心主义的倾向开始抬头,年轻人开始追求个人欲望的满足,追求一种与理性脱节的个人自由。这种极端的个人主义导致了整个社会陷入虚无主义和悲观主义的泥潭,各种负面现象开始泛滥成灾。这种情况警示我们,保持高等教育环境的稳定性,唤醒学生的民族自尊心与自信心,培育他们的民族荣誉感,以及重振民族精神,是防止社会风气进一步恶化的重要手段。

为了实现这一目标,我们必须采取有效措施,加强学生对传统文化的教育就是一个关键点。传统文化教育不仅能帮助学生建立正确的历史观和民族观,还能培养学生的高尚道德情操和健康心理,使他们成为具有社会责任感和历史使命感的现代人。因此,通过加强学生的传统文化教育,我们可以激发他们的爱国热情,增强他们的民族自信心,从而为构建和谐稳定的社会环境奠定坚实的基础。

三、有利于拓宽大学生的学习视野

大学阶段正是求知欲最为高涨的时刻,他们对精神食粮的需求也达到了顶峰。在这个阶段,他们如饥似渴地希望获取新知识,以期实现自我成长与提升。大学作为一个充满机遇与挑战的新环境,正敞开怀抱,热切地为他们提供丰富的文化资源和思想理论体系的学习机会。

然而,时间不等人,如果我们不能抓住这个关键时机,对他们实施富有说服力且系统的意识形态教育,便可能使其他千奇百怪的思想流派有机可乘。一旦如此,可能会引起高校乃至整个社会动荡不安。对此类情况的深刻教训,值得我们深入探究与警醒。

组织大学生开展传统文化教育,不仅对拓宽他们的眼界和视野具有积极作用,更能使他们深刻理解中国传统文化的丰富内涵与博大精深。中国传统文化源远流长,凝聚了我们的祖祖辈辈的心血,历经五千年的风雨洗礼,不断地创新和进步。这种传统文化,是我们中华民族的瑰宝,也是大学生应该继承和发扬的精神财富。

通过深入学习传统文化，大学生得以突破思维局限，他们不仅会拓宽思路，贯通古今，更会立足现实，坚持求实创新，持续追求卓越。值得强调的是，我们所弘扬的传统文化是经过审慎筛选与提炼的，依据辩证唯物主义与历史唯物主义的原则，结合中国特色社会主义建设的实践，去芜存菁，旨在促进社会主义现代化国家的建设与发展。

高校思想政治教育，作为高等教育体系的基石，聚焦于人的全面发展和精神层面的满足。其宗旨在于协助大学生确立正确的人生观，挖掘生命的价值与意义，并培育契合新时代需求的道德与才能兼备的人才，引导他们向更好的自我发展。

为了达成上述目标，选取恰当的教育内容与路径显得尤为重要。所以，将传统文化的精髓有机融入教育体系中，对于加强当代大学生的思想政治教育具有不可估量的价值与意义。

第二节　大学生思想政治教育中传统文化的缺失

中国传统文化源远流长而又博大精深，是中华民族的精神纽带、心理支撑和发展的基本动力。而我国的思想政治教育体系在传统文化的传承与教育方面存在着明显的断层与不足，这不仅是历史上的遗漏，更是时代的遗憾。鉴于此，新时期的我们有义务，更肩负着不可推卸的责任，去深入剖析中华优秀传统文化在思想政治教育领域的独特价值。我国传统文化的相关研究已经十分深入，形成了多个具有鲜明特色的学术团队，并涌现出众多颇具影响力的学术著作。然而，思想政治教育研究正处于由学科化向科学化转变的进程中。无论是关于思想政治教育的理念、媒介、资源、机制还是体系的研究，目前仍处于积极探索的阶段，尚未形成完备的系统架构。特别是对于思想政治教育文化环境的研究还刚刚起步，所取得的成果也很少。

大部分当代大学生亲身经历了改革开放以来中国社会的快速发展和日益强大，切实感受到了经济增长给民众带来的实际利益，因此他们能够积极支持党和国家的各项路线、方针和政策。然而，作为对新奇事物具有较高接受度的群体，大学生在面对经济全球化的浪潮和文化多样性的挑战时，其思想和价值观呈现出多元化的趋势。特别是在市场经济的影响下，学生们可能会感到困惑和迷失，这在他们的价值选择、行为模式和思维方式上引发了新的变化——自我意识过度扩张、理想淡漠、生活行为不规范，以及价值观念产生偏差。这些现象表明，优秀的中华传统文化精神在大学生群体中正面临着缺失的风险。

一、大学生思想政治教育中传统文化缺失的表现

（一）大学生对传统文化认知程度不高

传统文化乃是历史沉淀、积累并得以持续传承的文化形式，它具备顽强的生命力与深远的影响力。之所以说传统文化具有稳定性，是因为它拥有相对的不变性，能够跨越时空的界限而得以持续发展。文化的传承离不开物质媒介的承载，传统节日、经典文学作品、音乐作品以及戏剧表演等，皆是有效且重要的文化传承手段。深入了解这些璀璨辉煌的传统文化，有助于培养大学生的民族自尊心和自信心。然而，根据相关调研数据显示，大学生对于传统文化的认知水平普遍不高。以四大名著为例，完整阅读过的学生比例极低，多数学生仅阅读过一至两部，甚至存在完全未阅读的情况。

除文学名著之外，大学生对于古代经典典籍的漠视态度更令人忧虑。北京大学曾进行过一项主题为"当代大学生与中国传统文化"的问卷调查，结果显示大部分学生对孟轲、荀况、墨翟、王充、董仲舒、朱熹、王阳明等古代哲人的生平和核心思想知之甚少，对近代杰出思想家、北京大学首任校长严复的了解程度也远未达到预期。即便是在宣称对某些古代人物和经典有所了解的学生中，深入探究会发现他们的实际认知相当有限，这暴露出当代青年大学生在传统文化知识方面的匮乏。值得注意的是，不同高校之间以及高校内部的学生对传统文化的认知程度也存在差异。总体来看，大学生对中国传统文化的了解仍然不足，特别是在理工科院校中这一现象更为明显。改革开放在推动社会生产力和经济增长的同时，也促成了实用主义和功利主义的流行。在许多大学生眼中，传统文化相较于实用性强的知识（例如，计算机技术、外语能力、驾驶执照等），似乎难以直接转化为经济价值，因而显得无用。当前大学生在计算机、外语、数学等专业领域的理论和技能基础并不薄弱，但他们的社会责任感和职业责任感却相对欠缺。用人单位对他们的评价往往是文化素养不低，但综合素

质不高。人文素质是指由知识、技能、观念、情感、意志等多种要素融合构成的内在品质，体现在个体的人格、气质和修养上。传统文化是提升大学生个人修养的关键途径之一，它能够陶冶情操，增长见识，并将这些优秀品质内化为个人的稳定气质、修养和人格。

作为新一代的青年学子，大学生们对于中华优秀传统文化的态度如何呢？调研显示，大部分学生对此持积极肯定的态度，他们认为这些传统文化对于未来融入社会具有正面的促进作用；有一小部分学生则认为传统文化对自己并没有实质性的益处；还有极个别学生表示，他们没有察觉到中华优秀传统文化对自己的价值，甚至认为存在一定的负面影响。总体来说，虽然大部分学生对中华优秀传统文化持有较强的认同感，但令人遗憾的是，有近三分之一的学生表现出对传统文化的冷淡态度。

（二）大学生对传统文化的情感认同度欠缺

1. 对传统节日的认同度低

中国传统文化中所蕴含的智慧结晶，不仅仅体现在国人对于制度与道德的独特诠释上，更在于历经岁月沉淀形成的人际和谐共处的智慧与方法。这些和谐之道在诸如清明节、端午节、中秋节等传统节日中得到了淋漓尽致的展现。传统节日、音乐、戏剧等文化元素，恰恰为增进这种社会和谐提供了交流与沟通的平台与媒介。然而，在深入了解传统文化的具体内涵时，我们得到的反馈却是喜忧参半。

针对我国将清明节、端午节、中秋节等传统节庆设为法定假日，多数大学生对此表示强烈的支持或较为支持。然而，其中不乏一部分人是因这些节日附带假期福利而表示赞同，并非出于对其历史文化价值的认同。此外，仍有少部分学生持反对或不赞成的立场。在问及"你是否会主动欣赏如京剧等传统音乐或地方戏曲？"时，仅有不到半数的学生表示愿意观看，而仅有十分之一的学生表示真正喜爱。

与此形成鲜明对照的是，在全球文化交流日益频繁的大背景下，众多西方节日文化涌入中国，并受到越来越多大学生的青睐与追捧。

2. 对传统文化因素的认同度低

"四书五经"所蕴含的部分理念，尽管起源于数千年前，却与现代文明相契合，对我们当下的工作和生活仍具有深刻的指导意义。通过研习国学，让大学生深入了解我国悠久且辉煌的传统文化，能够唤起他们内心深处的民族自豪感与自信心。

然而，西方文化的持续输入，使得倡导个人自由与个人利益的西方思潮深刻影响着大学生的思维模式。与此同时，传统文化中的"爱人者人恒爱之，敬人者人恒敬之"以及"修身、齐家、治国、平天下"等理念似乎逐渐被大学生们淡忘。这种态势不仅导致中国传统文化的传承与发扬受阻，也给当代大学生的思想教育工作带来了严峻的挑战。在一项关于大学生对"先天下之忧而忧，后天下之乐而乐"这一千古名言的认知调查中，竟有近五成的学生表示"说不清"。对于"人不为己，天诛地灭"这种个人主义的消极生活哲学，也有不到六成的学生表示"说不清"。"说不清"实际上反映出了一种精神上的迷茫与困惑，这必须引起我们思想政治教育领域的高度警觉。

（三）大学生对传统文化中的价值观接受度低

中国传统教育历来推崇德育为先，历代思想家、教育家均强调教育的宗旨不仅在于知识的传授，更在于培养德行端正之人。在我国当前社会转型期及多元文化交融的背景下，中华优秀传统文化遭遇挑战，社会缺少明确统一的价值观标准。经济的迅猛发展对大学生的价值观念产生了显著影响。大约半数的学生认同"金钱虽非万能，但没有金钱万万不能"，甚至有少数学生持"金钱至上"的观点。社会功利主义的回潮，导致个体倾向于将利益和金钱作为衡量人际关系好坏的标准，这种社会现象使得大学生的功利主义倾向显著增强。随着大学生逐步融入社会，他们的价值观，尤其是对金钱的态度，正经历着显著的变化。这表明当代大学生的价值观正在经历重塑，其中不少学生对此有所察觉，但也有学生在不知不觉中受到影响。当代大学生责任感缺失已成为社会热议的话题，他们对一些不道德的社会现象视而不见，未能意识到自己是社会大家庭的一员。大多数学生表示在集体利益与个人利益冲突时会选择牺牲个人利益，但也有少数学生选择牺牲集体利益，认为个人力量微不足道，集体利益不会因自己而受损。很明显，这部分学生忽视集体主义，深受个人主义和功利主义影响，未能承担起对社会和国家的责任。这些学生在个人关系中只关注获取而不愿意回报，只关注个人利益，对社会责任的认识不足，不明白个人利益与集体利益密切相关，一旦集体利益受损，个人也必将受到影响。

中华传统美德乃是珍贵的文化遗产与精神财富，我们理应继承并发扬光大。然而，当前高校中存在的某些现象与这些美德相悖，这种现象的出现让人感到忧虑。尤其是师道与孝道这两大传统文化的核心要素，在许多当代大学生身上并未得到充分体现。大学生们的集体主义观念和社会公共道德意识相对薄弱，心理承受能力亦存在不足。部分学生以自我价值实现为中心，个人主义倾向明显，将社会与集体置于次要位置；在物质与精神的关系处理上，他们过分看重眼前的机遇与成就，而忽略了长远目标和崇高理想，许多人将追求经济利益和生活安稳置于人生目标之首，实用主义倾向严重，从而弱化了其社会责任感，甚至滑向极端个人主义的深渊。在付出与索取的关系上，他们往往过分强调个人所得，认为个人的贡献应与社会的给予相匹配。此外，还有部分学生在价值取向上表现出急功近利的心态，敬业精神不足，对理想的追求也显得淡漠。

在当今科技飞速发展的时代背景下，大学生作为新一代青年，接收信息的数量庞大、领域广泛且更新迅速。然而，由于对事物的辨别能力尚不完善，一些学生中出现了"极端个人主义"的负面思潮，对事业和集体的奉献精神有所减退。学术诚信方面的失范现象，如考试作弊、代考、抄袭、虚报贫困补助以及拖欠助学贷款等，在一些学生中屡见不鲜，这些行为明显违反了"明礼诚信"的传统伦理准则。令人担忧的是，这些学生往往对此类行为习以为常，并未意识到其不当之处。此外，当前许多大学生在与教师和父母相处时，也未能充分体现尊敬与孝顺的价值观。师生、亲子间的冲突频发，而这些学生往往将责任归咎于他人，而非自身。这种现象值得我们深思。

总体而言，部分大学生在价值观上表现出理想缺失的倾向，他们更加重视物质利益而忽视无私奉献，追求金钱实惠而轻视理想抱负，坚持等价交换原则而不愿意付出关爱，优先考虑个人利益而非国家与集体利益。在传统伦理道德中占据重要地位的"师道"与"孝道"在这些学生中显得淡漠。许多大学生在行为选择上以自我为中心，不时出现不尊重长辈和不敬重教师的情况。

（四）大学生对传统文化价值的认识不足

中华优秀传统文化的持久传承，彰显了其超越时代的价值与内在生命力。依据唯物史观，那些能有力推动社会发展、促进个体全面进步，蕴含科学性、人民性与进步性元素的，可批判性地继承的传统，亦属精华之范畴。经过数千年的历史积淀，中华文化既孕育了瑰宝也夹杂着糟粕，这便要求我们深入洞察其价值，并予以辩证的扬弃。不可片面、不客观地仅因某事物存在不足便彻底否定其价值。当前，不少大学生持有此类偏颇观点，他们错误地将传统文化视为封建遗毒，将民俗活动与迷信相提并论，甚至认为传统文化思想僵化、缺乏变通性，从而反对弘扬。更有甚者，部分学者亦持此极端立场，未能客观公正地评价传统文化的地位与价值，这显然与马克思主义哲学的核心理念背道而驰，亦非严谨的学术态度。由此导致传统文化在大学生群体中的传播受阻。20世纪的全盘西化思潮虽曾风靡一时，却在实践检验下迅速崩溃。思想的流行需顺应时代潮流，文化融合的步伐日趋加快，深受中华文化影响的东亚诸国已将文化传承视为要务。相比之下，国内对此的关注度略显不足。这种国际形势的变化，敦促我国大学生紧跟时代步伐，深刻认知并认可中华优秀传统文化所具有的独特价值，重新找回这一宝贵遗产。唯有先认同其价值，对其进行深入了解并积极传承，才能凸显中华民族的特色，使中华优秀传统文化重新屹立于世界文化之巅。

有一种观点提出，中国传统文化在推动民主与科学发展的中国现代化进程中并不存在显著益处。持此论点者中，不乏知名教授及学者。审视历史与周遭环境，不难发现传统文化多次遭遇尴尬境地。在 19 至 20 世纪，随着中国社会现实问题的显露和国际的潮流发展，绝大多数国民对本族文化的自信心逐渐丧失，仅有小部分思想家在新旧体制交织的隙缝中能够找到民族文化发展的希望。自中华人民共和国成立以来，传统文化事业面临重建，但其发展路途颇为崎岖，这极大程度上导致传统文化在民间的根基动摇。如今，某些外国人士对中国文化具有浓厚兴趣，对中国文化的关注和了解甚至超越了大部分国人，并已达到相当高的层次。众多中国传统文化经典在国内已被尘封，却受到了日本、韩国以及一些西方国家的广泛关注。外国人士对中国文化的关注与学习热情反而激发了我们重新审视并发掘那些曾被遗忘的文化瑰宝。

众多追逐时尚潮流的年轻男女，在生活方式与思维模式上已深受西方文化影响，然而他们对西方文化的理解往往仅停留在表面层次。对于中国传统文化的核心精髓与深层智慧，他们的领悟程度又如何呢？目前，不少大学生心中的偶像是影视明星，而非历史上作出卓越贡献的伟人。但这些影视明星自身对传统文化的认知又有几何？曾有歌星不知岳飞何许人也，竟请求岳飞创作歌词；还有节目主持人对董存瑞一无所知，误以为是电视剧中的虚构角色。此类现象层出不穷，这已不仅仅是社会娱乐现象，更是反映了中国当下文化发展趋势的重要文化表征。

中国传统文化，在塑造中华民族的品格和民族精神、在历经沧桑依然自立于世界民族之林的历史进程中，发挥着巨大作用。可以说，正是传统文化的稳定性与强大凝聚力，铸就了中华民族坚不可摧的基石。其精华部分所蕴含的独特价值与不朽魅力，对于当下中国的现代化建设仍具有不可估量的作用。文化发展是一个持续不断的过程，文化元素在不同代际之间传递和继承，作为 21世纪中国文化建设的主力军与创造者，当代大学生理应承担起传承并发扬传统文化的重任，因为只有立足于民族化，才能实现真正意义上的世界化。中华民族的伟大复兴，离不开对传统文化的坚守与发扬。

总而言之，目前我国高校思想政治教育的基础理论框架以马克思主义理论为核心，聚焦于马克思主义信仰教育与共产主义理念的灌输。改革开放之后，教育重点多集中在"坚持党的四项基本原则和基本方针"之上，思想政治课程的学习亦偏重马克思主义理论课和思想政治教育课的理论探讨。尽管国家在此领域投入了大量的资源，但教育成效并不尽如人意，实际操作中还暴露出诸多不足之处。传统的思想政治教育模式显得过于单一。政治信仰固然关键，但它并不能完全替代个人的文明修养与文化素养。经过数千年的沉淀的传统文化已深深植入中国人民的思维模式与行为习惯之中，成为民族心理的一部分。缺乏对传统文化的深入理解与认知，便难以达到较高的思想境界与宽广的胸怀。因此，我们应当探索将传统文化教育与马克思主义思想理论相结合的新路径，实现两者的互补与共赢。这不仅有助于优化当代大学生的知识体系，更能促进其人格、气质与修养的全面发展，树立起符合时代精神的思想道德观念。

二、大学生思想政治教育中传统文化缺失的原因

随着时代的进步与社会的发展，传统伦理道德正面临着空前的挑战。同时多元文化的广泛传播，对大学生的成长过程产生负面影响。因此，深入剖析中华优秀传统文化在大学生思政教育中缺失的缘由，便成为每一位思政教育工作者的使命。具体原因可包括以下几个方面。

（一）社会因素

中国社会正经历着前所未有的多元化阶段。市场经济、西方文明、网络传播等元素已深入国人日常生活。这些创新力量一方面推动了社会进步；另一方面也引发了一些不良后果，对传统文化的传承与弘扬构成了挑战。

1. 网络的全面渗透

在信息化时代，互联网已成为大学生获取信息与知识的关键渠道。网络空间信息纷繁，既包含有价值资源，也充斥不良内容。它既能为学生带来学习方式的革新，提供高效的学习与交流平台，也可能传递有害信息，诱发沉迷行为，对学生的健康成长构成威胁。当前中国经济、政治、社会结构和思想观念正经历深刻转型，传统文化遭受多方挑战，网络的广泛使用加剧了这些挑战，并引发一系列社会议题。在网络文化中，网络伦理与网络行为规范的主要问题尤为突出。

（1）互联网强化了青年地球村村民意识，弱化了民族意识

所谓的"网络新生代"天生就具备较强的国际化倾向，互联网打破了时间和空间的限制，进一步巩固了他们作为地球村村民的观念。然而，这种"全球一体化"的意识往往伴随着对种族和民族意识的淡化，导致民族归属感削弱和民族身份逐渐模糊。这在某种程度上对传统文化的传承与传播构成了不利影响。

（2）互联网对现有的道德观念、价值观念产生影响和冲击

在诚信这一话题上，大多数学生认为，在虚拟的网络环境中，没有必要过分强调诚信的重要性。他们可能认为，网络世界的匿名性和虚拟性使得人们可以摆脱现实生活中的道德束缚，因此不需要像在现实生活中那样注重诚信。然而，也有一小部分学生持有不同的看法，他们认为网络空间同样能够提高社会的道德水平，甚至可能因为网络的普及和便利性，使得人们更加容易接触到各种文化和价值观，从而促进道德观念的提升。

然而，研究表明，随着互联网的迅速发展，对于传统文化中一直倡导的诚信观念，网络世界似乎带来了一定的冲击。这种冲击可能来自于网络信息的快速传播和多样性，使得人们在获取信息的过程中，容易接触到一些不诚信的行为或者价值观，从而影响他们对诚信的理解和认识。此外，网络世界的匿名性

也可能使得一些人更容易忽视诚信的重要性，从而在网络交流和行为中表现出不诚信的一面。因此，如何引导网络空间中的行为准则，维护诚信的价值观，已经成为一个值得关注和探讨的问题。

（3）互联网的全球性特征将导致青少年的思想混乱

网络是一个跨越国界、连接全球的媒介。在这个虚拟的世界里，由于各种原因，各种各样的信息都在广泛传播。其中既包括有用的、正确的、先进的信息，也包括无用的、错误的、落后的信息。更为严重的是，许多有害的、不健康的内容也在网上广为流传。这些有害内容对大学生的精神世界造成了极大的侵蚀，对他们的道德品质教育产生了强烈的冲击。这使得大学生在价值观和思想观念上出现了西化的倾向，对民族观念的认识变得越来越淡薄，对传统文化的认同感也逐渐减弱，甚至被边缘化。这种情况无疑是非常令人担忧的。

2. 市场经济的迅速发展

伴随我国对外开放的持续深化，社会主义市场经济不断完善。我国市场经济体制是在党和政府长期探索与实践的基础上形成的，它契合我国的实际情况。然而，市场经济的发展亦伴随着一系列负面效应，特别是对年轻人群体，其中大学生群体受到的影响尤为显著。

市场经济，这一以追求物质利益和利润最大化为目标的经济模式，对当代中国大学生的意识形态和价值取向产生了深远的影响。在市场经济的背景下，一种追求短期利益、急功近利的思维方式，以及伴随着网络技术发展起来的快餐文化，正以一种势不可挡的趋势在大学生群体中蔓延开来。

这种市场经济带来的影响，使得当今大学生的治学态度发生了明显的变化，他们在学术研究和知识探求中，倾向于以短期效益为主。他们将知识简单地划分为"实用"和"不实用"，并在此基础上，对学习的时间和精力进行区分，将更多的精力投入到那些能够带来直接利益的知识领域。

同时，在就业压力日益增大的背景下，大学生们为了满足就业市场的现实需要，纷纷投入到考级、考证的热潮中，以期通过这些实用的证书和技能，为自己的就业增加更多的竞争力。这种就业实用主义的思维方式，使得大学生们往往无暇顾及人文素养的培育，从而在一定程度上影响了他们的综合素质和人文修养。

（二）学校因素

近年来，随着我国改革开放的深入推进和市场经济的全面发展，大学生思想政治教育在学校及学生个体层面均存在诸多待改进之处。为此，需认识到导致当前大学生思想道德教育面临复杂问题的成因是多方面的。

1. 高等教育自身对传统文化教育的忽视

自近代科技革命以来，专业技术教育逐渐替代传统文化教育，专业技能训练取代全面人格培养。著名教育家纽曼主张大学应以培养人文精神为核心使命。然而，人文传统的式微和人文教育的边缘化现象不仅在中国高校显现，也在全球众多大学中普遍存在，甚至演化为一种潮流。该趋势主要表现为人文教育逐渐被科技教育取代，传统文化教育逐渐被现代文化取代，全面人格教育逐渐被单一专业教育取代。18世纪中期，美国开始涌现专业教育，最初是神学、法学和医学讲座的出现。19世纪之后，技术教育也应运而生。这些教育形式的出现使得部分地区开始建立专门的技术学院，甚至文科学院也开始设立理科类的工程学院。1847年，哈佛大学创立了理工科类的劳伦斯理学院；同年，耶鲁大学也增设了理学课和工程学课，开展科学教育。在他们影响下，欧洲其他大学纷纷效仿。相较之下，英国大学较为保守，普遍认为工业革命与大学无直接联系。直至19世纪，牛津和剑桥大学仍坚守其传统学科。然而，科技的冲击势不可挡，英国遂创建伦敦大学以应对科学技术专业教育的需求。

自19世纪晚期起，中国开始借鉴西方经验，致力于专业技术教育的发展。进入20世纪，专业技术教育已取得显著进步。自1952年中国高等教育进行院系调整并全面采纳苏联模式后，工程技术教育获得了空前的关注，尽管这是时代发展的必然趋势，但这一变革也不可避免地导致了高等教育体系的某种失衡。20世纪中期以后，专业技术教育过于强调专业技能而忽视个体综合素质培养的弊端愈发凸显，人文素质的培养逐渐受到教育界的广泛关注。1945年，哈佛大学发布了一份题为《自由社会中的通识教育》的报告，亦称作哈佛"红皮书"。该报告强调，通识教育应涵盖人文科学、自然科学和社会科学的核心知识领域，旨在从情感认知与理性思维两个层面促进个体的全面发展。基于此报告，哈佛大学推出了核心课程计划。其他高校相继仿效，通过设定必修课程或选修课程等形式，推出了各自的一般教育课程。

自 1986 年起，我国教育管理部门在更广泛的学科领域和更大的范围内开展了深入调查与研究。经过多年的努力，最终在"是否加强大学生文化素质教育"这一问题上达成共识，并在 1995 年，在 52 所高校开展文化素质教育试点工作。1998 年，这一举措进一步推广至所有高等院校，旨在提升我国高等教育中人文教育的教学质量，提升学生的文化素养，纠正大学生培养中过于重视技术而忽视人文、注重行动而忽略人格塑造的教育倾向。然而，文化素质教育的实践显示，部分高校的实施效果并不理想。高校仅在某些环节上进行了加强，而在整体架构上缺少系统性思考，往往采取治标不治本的方法，导致高校开展文化素质教育时，态度不积极，敷衍了事，甚至变成额外负担。因此，体现出在当时改变人们传统的思维定式及模式显得尤为困难，难以调动教师的主动性和创新性，以及难以激发学生追求高文化品位、高素质和精神境界的热情与才智。

近年来，高校在学科和专业建设方面投入较大精力，着重培养大学生的专业素质，全面保障教学和科研需求，将教学与科研视为高校发展的核心。尽管如此，对大学生思想政治素质的培养却相对被忽视，思想政治教育在专业学习和考研的竞争中处于不利地位，这亟待引起关注。在当今国家着力提升文化软实力的背景下，思想政治与道德修养应成为大学教育的关键组成部分。在我国，传统文化教育承载着丰富的道德资源，大学应有义不容辞的责任意识，应强化对大学生的传统文化教学。然而，现实状况并不理想，主要问题包括：首先，大部分高校缺乏系统的传统文化教育内容，尚未建立完善的教学体系，也未能找到有效的教学模式；其次，相关部门在推动和指导方面力度不足，当前的国学热潮多为自发行为，缺乏有序管理；最后，图书资料无法满足传统文化教育的需求，市场上书籍虽多，但深度与见解兼具的作品寥寥无几。

综上所述，强化传统文化教育是教育史演进的必然趋势，也是全球发展过程中的共同取向。一个民族若仅凭经济实力，难以跻身世界强国之列；欲攀登科学巅峰，必须具备理论思维，而理论思维的培养离不开人文科学知识的熏陶。在当下发展中国特色社会主义文化的进程中，教育是发展的基石。因此，我们应特别关注传统文化的教育，加大文化建设力度，为中国特色社会主义事业的建设贡献应有的力量。

2. 高校思想政治教育的教学体制及师资力量有待加强

在个体成长的历程中，教育扮演着举足轻重的角色。当前，高校的思想政治教育与现实需求存在一定的不匹配，教学手段与内容亟待创新，以兼顾社会需求与学生的接受能力。思想政治教育的内容具有不同程度的理论深度，这就要求我们在传递理论知识时，还需注重教学策略，采用更易于学生接纳的教学方法。

普通高校的思想政治理论课程，作为对大学生实施系统性思想政治教育的主要渠道和核心平台，对于协助学生构建正确的世界观、人生观及价值观具有至关重要的作用。然而，当前大学生对思想政治理论课的教学表现出较低的兴致，其核心原因之一是中华民族传统文化在高校思想政治理论课中的融入程度不足，导致课程内容缺乏实质性和吸引力。同时，在针对大学生思想政治教育实践中，高校往往未能给予传统文化教育足够的重视。2004 年 3 月 18 日，中央发布的关于加强高校思想政治理论课教学的指导意见中，明确指出了当前教学中暴露的八大问题，其中就包括教学内容重复且缺乏创新以及教学方法的单一性。从教学内容角度来看，高校马克思主义理论课和思想政治教育课的教学内容不够丰富，大部分知识实际上是初中和高中阶段的重复，难以激发学生的学习兴趣。在教学方法方面，目前大部分高校依然采用传统的灌输式教学，而互动式、研讨式等多样化的教学方式仅占少数。此外，一些教师在授课时往往机械地按照课文进行讲授，未能将丰富多彩的传统文化有效地融入思想政治理论课中。在思想道德层面，学生渴望获得有效的引导和解答，但思想政治理论课往往难以提供令人信服的答案。

除此之外，辅导员也是大学思想政治教育体系中的重要力量。然而，多数高校面临着辅导员队伍人手紧缺、专业素养不足的挑战，这严重制约了思想政治教育工作的进展及其成效。目前，许多高校中，每位辅导员需负责上百甚至两三百名学生，如此庞大的管理规模使他们难以充分履行职责。同时繁重的行政事务，导致辅导员往往没有更多时间关注学生的思想政治教育工作。而且思想政治教育要求从业者具备扎实的专业知识，特别是心理学和管理学方面，而目前高校的辅导员队伍主要由留校本科生构成，他们在基础理论方面尚显薄弱。

（三）家庭因素

在当前我国家庭环境中，传统文化氛围的缺失是一个不争的事实，这种现象也在一定程度上导致了大学生思想政治教育中传统文化的缺失。具体表现在，家庭作为孩子的第一课堂，传统文化教育的缺失使得孩子在成长过程中难以接触到传统文化的熏陶，进而影响到他们对传统文化的认知和理解。

家庭环境中传统文化氛围的缺失，使得大学生在进入学校后，面对各种思想文化的冲击，缺乏足够的传统文化素养去应对和辨别。这无疑加大了他们在思想政治教育中的难度，使得他们对传统文化的认同感减弱，甚至出现排斥现象。

此外，家庭环境中传统文化氛围的缺失，还表现在家长对传统文化的态度上。不少家长对传统文化缺乏足够的重视，甚至存在误解和偏见，这种态度会在一定程度上影响孩子对传统文化的接受程度。因此，要想改变大学生思想政治教育中传统文化缺失的现象，首先要从家庭环境入手，营造浓厚的传统文化氛围，让传统文化在家庭教育中发挥应有的作用。

综上所述，家庭环境中缺少传统文化氛围，无疑是导致大学生思想政治教育中传统文化缺失的一个重要原因。要解决这个问题，需要全社会共同努力，重视家庭传统文化教育，让传统文化在家庭教育中生根发芽，为大学生的思想政治教育提供坚实的传统文化基础。

（四）大学生自身因素

大学生在大学期间的学习重点引发了广泛的社会讨论。依据当前的教育宗旨，大学生涯的主要任务是掌握"专业知识"并提升"道德修养"。学生们对专业知识学习的重要性已有深刻认识，这一点从课堂出勤率中可见一斑。专业课程的出勤率普遍较高，而公共课程的参与度则相对较低，这反映出对基本素养的忽视。这种对基本素养的轻视在他们的世界观中得到体现，主要体现在两个方面：一是享乐主义的人生观和价值观，使他们追求即时的快乐和虚荣心的满足，他们成长于国家改革开放后经济飞速发展的阶段，受益于优渥的家庭环境，未曾遭遇重大逆境，缺乏应对挫折的教育，对失败和挫折的概念知之甚少；二是集体主义意识淡化，大部分大学生过分强调个性表达，追求个人主义，忽视或排斥集体和社会的接触。自改革开放起，将经济建设作为战略核心在各个领域取得了显著成就，人民在经济、社会、文化等方面的生活水平得到了显著提升。然而，人们观念和思想意识也随之发生了改变。这些变化也必然反映在大学生的思维中。部分大学生对集体主义持淡漠态度，以自我为中心，重视个人奋斗，将个人利益置于首位，对集体活动缺乏热情，表现出消极态度和缺乏集体荣誉感。谈及修养，我们不得不提及传统文化。当前，大学生对传统文化的理解普遍肤浅，认为这些是过时的古董，学习它们毫无用处。这种观点是非常错误的。开展思想政治教育工作时应首先纠正这种错误观念，应当利用优秀的传统文化来塑造学生的良好品格。

大学生作为一类独特的群体，他们的思维方式较为先进，具有较高的可塑性。然而，当前我国高等教育的实际情况是，大学生在与社会对接方面存在不足，毕业生普遍缺乏丰富的阅历和实践经验。加之我国正处于社会转型期，各种社会诱惑层出不穷，这些因素共同导致大学生在自我评价方面尚未达到成熟状态，部分学生出现道德认知及行为上的偏差。

1. 意志脆弱

在当代大学生群体中，独生子女占有十分高的比例。独生子女所带来的一种负面影响便是家庭对孩子过度的庇护，甚至发展到"包办一切"的程度。这种做法导致了当代大学生心理承受能力的下降，一旦遭遇困境，他们容易陷入苦闷，缺乏主动寻求帮助或倾诉的意愿。这种情况更容易导致他们在面对挫折时产生自毁自弃的行为。大学生正处于思想和情感成熟的关键时期，这也是学习、情感等方面问题的高发阶段，他们需要有坚韧的意志来应对层出不穷的挑战。然而，目前许多大学生恰恰缺乏这样的坚强意志，这种内在的需求迫切地需要通过思想政治教育来加以培养和满足。

2. 部分学生对思想政治教育缺乏兴趣

早期思想政治教育往往单纯从教育者的视角出发，关注教育目的，如满足党和国家的需求、社会的需求等。然而，这种做法的缺陷逐渐显露，我们未能充分考虑学生的需求，导致教与学之间不协调和不相衔接。学生将思想政治教育仅仅视作一种义务，而非他们所享有的权利，从而使他们产生了抵触情绪。调查显示，约半数学生认为当前的思想政治教育课程仅仅是一项义务，并非出于自愿选择。在现有的六门思想政治教育课程中，学生对法律知识基础课程的认可度最高，而对马克思主义原理课程的认可度最低。这表明学生并未充分认识到思想政治教育的重要性，更有不少学生认为这类课程无需开设。尽管这些数据可能带有一定片面性，但它们确实揭示了思想政治教育领域存在的问题。

3. 学生思想认识模糊

道德认知是个体品德形成和发展的根基。依据认识发生学中提到的观点，可以认为个体的道德认知经历了一个逐步深化的过程，这与智育中教学与接受的线性模式截然不同。道德认知构成了道德规范、观念和价值取向的基础，缺乏准确的道德认知将阻碍良好道德行为的养成。学生之所以面临道德问题，往往是因为他们对道德的理解不够透彻。此外，当代大学生的思维特质也是导致思想认知出现偏差的诱因，他们可能由于好奇心和对未知的探索欲望，寻求刺激和冒险，从而作出与社会主流道德相悖的行为。

4. 信息分析辨析能力较弱

不当的舆论导向导致学生思维混乱、道德标准降低。部分学生缺乏批判性思维能力，面对电视、网络等新媒体的宣传时，表现出较弱的分析与辨别能力，容易盲目接收信息。同时，当学生目睹或亲身体验到社会中的不良现象与学校宣传的教育存在巨大反差时，对道德关系和道德规范的认识容易出现混乱。例如，行贿受贿、权钱交易等行为与学校教育对立，官员贪腐的加剧与为人民服务的教育相悖。违反行为准则的往往出自高学历、高素质的人群，这让大学生对教育，尤其是思想政治教育产生怀疑。这种道德认知混乱容易受到不良思想的侵袭，导致大学生道德水平的持续下滑。

作为影响大学生思想形成的外部环境，社会与家庭均构成了某种程度的"围墙"，而学生自身的状况则是思想政治教育的核心。所以，思想政治教育并非仅是社会或学校的责任，而是社会、学校、家庭和学生自身努力与协同发展的产物。一旦深刻认识到这一点，大学生思想政治教育所面临的问题才能得到有效解决。

第三节　中国传统文化与大学生思想政治教育的融合

中国传统文化对大学生思想政治教育具有重要意义，所以，将中国传统文化融入大学生思想政治教育是十分重要且必要的。就目前来看，二者的融合还存在不足之处，这就需要社会各界共同努力，探索出促进二者有效融合的新路径。

思想政治教育环境悄然塑造着个体的思想观念。在我国传统道德教育体系中，尤为强调环境在个人品德形成中的关键作用，并倡导积极营造与选择正面环境，以促进美德的培育与成长。这一理念在古代先贤的智慧中得到了淋漓尽致的体现，诸如"近朱者赤，近墨者黑""蓬生麻中，不扶自直"，均生动揭示了环境对个人发展的深刻影响。此外，"孟母三迁""择邻而居"的典故更是成为千古传颂的佳话，它们不仅是对环境影响力的具体例证，也体现了古人对于优化教育环境以成就美好品德的深刻认识与不懈追求。为大学生构建一个积极向上的成长氛围，就需要汇聚来自多方的强大合力，积极探索并构建"四位一体"的思想政治教育新模式，即学校、家庭、社会与学生自我教育的有机结合，以促进大学生全面发展。

一、学校层面

中华优秀传统文化是我国独一无二的珍贵遗产与精神财富。这一文化深植于爱国主义的高尚情感、集体主义的价值理念、个人修身养性的自律意识，以及不懈追求、自强不息的精神风貌之中，为大学生思想政治教育提供了丰富的资源与深刻的启示。它不仅在塑造大学生健全人格、提升综合素养方面发挥着举足轻重的作用，更是引导他们树立正确的价值观、人生观、世界观的关键所在。

应当融合传统文化的深厚底蕴与现代社会的发展需求，探寻传统与现代之间的契合点，并使之适应现代教学的多元化模式与特点。一是强化教育工作者的专业素养与文化修养，确保他们能够深刻理解并有效传达传统文化的精髓；二是整合社会各界资源，形成合力，共同营造弘扬优秀传统文化的良好氛围；三是创新传统文化活动形式与内容，使之更加贴近大学生的生活实际与兴趣点。通过这些综合措施，开拓并优化大学生思想政治教育的路径与方法，从而更加充分地发挥优秀传统文化在塑造大学生思想品格、促进全面发展方面的积极作用。

（一）加强高校传统文化教育的制度建设

为了充分发挥优秀传统文化在大学生思想教育中的独特价值，必须从制度层面着手。这要求我们对现行的教育体制进行革新，将传统文化的丰富内涵以灵活多变的形式融入大学生思想教育的各个环节，使之不再局限于传统框架之内。尽管《中国文化概论》等课程在高校中已有开设，但其覆盖范围多局限于文学院学生，这种局限性显然不利于优秀传统文化教育影响的最大化。因此，有必要将此类课程提升为全校性的公共必修课程，确保每位学生都能有机会接触并学习这些宝贵的文化遗产。同时，还需不断优化教学方法，提升课堂教学的吸引力和实效性，使优秀传统文化教育更加贴近学生实际，激发他们的学习兴趣与热情，从而真正实现优秀传统文化在大学生思想教育中的全面渗透与深远影响。通过教学革新，大学生们将能够更充分地吸收优秀传统文化的精髓，实现个人修养的升华。

在高校教育体系中，针对人文学科的大学生，除了核心的历史、哲学、伦理学、社会学、政治学等人文学科课程外，还应适当融入自然科学教育元素。通过引入自然科学教育，不仅能够拓宽文科生的知识视野，更重要的是能够培养他们的科学思维方式和严谨求实的科学精神。这将有助于他们在面对复杂问题时，能够运用更加全面、客观、理性的视角进行分析与判断，从而在学术研究与社会实践中展现出更加深厚的综合素养与创新能力。对于理工科学生而言，传统文化教育的渗透同样不可或缺，且不应仅仅局限于文学领域，而应广泛涉及历史、哲学、艺术等人文学科，以此拓宽他们的知识边界，促进综合素养的全面提升。这也不仅是为了丰富他们的学识，更是为了塑造他们健全的人格，培养他们成为既有深厚专业知识，又具备人文关怀的复合型人才。在知识传授的过程中，融入更多的人文关怀元素，能够有效提升学生的情感智商与人际沟通能力。当前，虽然高校在课程设置上已开始意识到这一点，但实施力度与广度仍有待加强。需要在课程设计上更加精心规划，确保无论是文科生的自然科学教育，还是理工科学生的传统文化教育，都能真正触及学生心灵，激发他们的学习兴趣与热情，要逐步实现传统文化进教材、进课堂、进头脑。

当前，大学生思想政治教育与优秀传统文化教育在大学教育体系中呈现出一种割裂状态，两者作为人文学科的关键构成部分，却常遭边缘化对待，学生的参与度和出勤率普遍偏低。此现象不仅反映了教学内容与学生兴趣之间的脱节，也凸显了高校在教学制度设计上未能有效引导学生，从而难以构建起积极向上的思想政治教育氛围。鉴于此，高校亟须进行教学制度的深刻改革，核心在于将优秀传统文化课程与思想政治教育课程进行深度整合与有机融合。这一改革不仅呼唤教学方式的创新，如采用互动式、体验式等多元化教学方法，以激发学生的学习兴趣与参与度；更要求教材内容的革新，确保优秀传统文化能够自然流畅地融入大学生思想教育的各个环节，成为其不可或缺的一部分。然而，在将优秀传统文化融入大学生思想政治教育的过程中，必须秉持与时俱进的原则。鉴于当代大学生所处的复杂社会环境，思想政治教育课程必须紧密贴合他们的实际需求与认知特点，将理论知识与现实生活紧密相连，通过案例分析、社会实践等方式，让学生在实践中深化对传统文化的理解与感悟。

（二）将传统文化深度融入思政课

开展思政课程是高校对大学生进行思想政治教育的重要途径。中华优秀传统文化融入思政课能帮助学生们更好地理解中国特色社会主义及其建设。因为中国特色社会主义植根于中华优秀文化的沃土中，它是从中华民族五千多年悠久文明的传承中走出来的，具有深厚的历史渊源和广泛的现实基础；能增强学生的文化自信，有助于理解并坚定文化自信。因为博大精深的中华优秀传统文化是中华儿女文化自信的坚实根基和突出优势，有助于中华民族伟大复兴事业的实现。

1. 传统文化融入思政课的原则

原则指说话或行事所依据的准则或标准，是人们经过长期经验总结所得出的合理化的现象。中华优秀传统文化融入思政课也需要坚持一些原则，这些原则是思政课教学的行动指南，是思政课教师在课堂上执行的标准。在思政课中融入中华优秀传统文化要与思想政治工作所奉行的根本原则保持一致。中华优秀传统文化融入思政课的原则包括扬弃性原则、创新性原则、渗透性原则和阶段性原则。

（1）扬弃性原则

① 正确对待传统与现代

在平衡传统与现代之间的关系时，应秉持"古为今用"的核心理念，这意味着我们需要保留并弘扬传统文化中的"精华"，同时摒弃那些不再适应时代要求的"糟粕"。不应主观臆断、片面解读，更不应随意根据自己的喜好来颂扬或贬低某一文化元素。对于传统文化中那些承载着深厚历史意蕴和固定含义的说法，应尊重其原始意义，避免在传承过程中随意篡改或破坏其完整性。继承与发展中华优秀传统文化要对其进行创造性转化和创新性发展，激活其生命力，让中华优秀传统文化赋能思政课教学。这个过程就是要坚持扬弃性原则。简单地说就是不能简单复古，也不能盲目排外，而是古为今用，洋为中用，辩证取舍，推陈出新，摒弃消极因素，继承积极因素。古人的规矩是经验，也是要领，但是，再好的经验和要领也不可能完全适用于古今中外，需要立足于今天的实践，进行深刻理解和灵活把握，以扬弃的原则对中华优秀传统文化进行创造性转化、创新性发展，开出新时代思政课的"生面"。

②区分精华与糟粕

中华优秀传统文化博大精深，内容丰富，其中既有能够世代相传的精华部分。如"天行健，君子以自强不息；地势坤，君子以厚德载物"；"上善若水"；"仁、义、礼、智、信"；爱国主义；勤劳勇敢；书法、绘画；诗词戏曲；中医药养生；北粟南稻种植技术；古建筑技术及承载的文化；陶器、玉器、金银器、青铜器历史文物中的技术和文化；等等。也有被时代所局限的糟粕部分。如《二十四孝》中的一些内容已经不符合当今时代，陆绩怀橘遗亲的孝母方式不符合做客礼仪；孟宗哭竹生笋的孝母方式违背了科学道理；王祥卧冰求鲤的孝母方式歪曲了自然规律；郭巨埋儿奉母剥夺了孩子的生存权利……还有君为臣纲、父为子纲、夫为妻纲的三纲；三从四德；等等。这就需要在将中华传统文化融入思政课的时候采取扬弃性的原则，即吸收传统文化中的精华，剔除传统文化中的糟粕，以批判性的态度，扬弃地继承并发展。对此，毛泽东同志曾说过："中国现时的新政治新经济，是从古代的旧政治旧经济发展而来的，中国现时的新文化也是从古代的旧文化发展而来的，因此，我们必须尊重自己的历史，决不能割断前史。""这种尊重，是给历史以一定的科学的地位，是尊重历史的辩证法的发展，而不是颂古非今，不是赞扬任何封建的毒素。"①习近平总书记也曾指出："不忘历史才能开辟未来，善于继承才能善于创新。"②中华优秀传统文化深深植根于中华民族的历史长河之中，是支撑民族存续与发展的坚固基石，也是维系并滋养民族精神的灵魂脉络。习近平总书记多次强调尊

① 毛泽东. 毛泽东选集：第 2 卷［M］. 北京：人民出版社，1991.

② 习近平. 在纪念孔子诞辰 2565 周年国际学术研讨会暨国际儒学联合会第五届会员大会开幕会上的讲话［N］. 人民日报，2014-9-25（2）.

重历史与文化的重要性，他高度评价了中华优秀传统文化在历史进程中的独特地位与深远影响，并急切呼吁构建科学有效的传承体系，以应对时代赋予的紧迫使命。总书记的这一系列论述，深刻揭示了中华优秀传统文化所蕴含的跨越时代的价值，不仅表达了对我国传统文化的高度认可与自豪，更在国家层面倡导了弘扬与继承这一文化的重大战略意义。随着历史车轮的滚滚向前与时代步伐的永不停歇，国家层面的坚定支持与积极引导，必将激发学校教育工作者特别是思政课教师的深切关注与积极响应。思政课教师作为传承文化、启迪思想的重要力量，应当率先垂范，积极探索将中华优秀传统文化的精髓与思政课教学内容有机融合的新路径。因此，中华优秀传统融入思政课程中必须坚持扬弃性原则。

（2）创新性原则

创新是在既有的思维模式框架内，勇于突破常规思维束缚，巧妙地运用现有的知识宝库与物质资源，在特定的社会或自然环境中，基于追求理想化目标或响应社会实际需求的目的，对既有事物、方法、构成要素、实现路径乃至整体环境进行深刻的改造或创造出前所未有的新元素。从哲学上说，创新是人的创造性实践行为，实践是创新的根本所在。创新的无限性在于物质世界的无限性。这里使用的创新是把产生于农业社会时期的中华优秀传统文化通过实践的改进创新，融入新时代的思政课，赋能思政课立德树人根本任务的落实。

如何对待中华优秀传统文化，习近平总书记说："要坚持古为今用、以古鉴今，坚持有鉴别的对待、有扬弃的继承，而不能搞厚古薄今、以古非今，努力实现传统文化的创造性转化、创新性发展，使之与现实文化相融相通，共同服务以文化人的时代任务。"[1]文化是有生命的，若要文化生生不息，需要激发全民族的文化创新创造活力，促进中华传统文化的创造性转化、创新性发展。对中华优秀传统文化进行转化创新是一个庞大的系统工程，需要合理选定内容，明确转化创新的标准才能取得良好的效果。

中华优秀传统文化产生于农业社会，其内容、形式与当时的生产力、生产方式相适应。新时代人类社会经历了生产力的快速发展和科学技术的飞速跃

---

① 习近平. 在纪念孔子诞辰 2565 周年国际学术研讨会暨国际儒学联合会第五届会员大会开幕会上的讲话［N］. 人民日报，2014-9-25（2）.

升，但人类还离不开农业和食物，人类社会依然具有农业社会的要素，而人的思想观念并没有随着时代和科技的发展而出现较大的改变。中华优秀传统文化在发展过程中积淀演化形成向上向善的道德情操，以爱国主义为核心的民族精神，以人为本的民本思想，天人合一的人与自然关系等"正能量"内容，可以超越时空、地域的限制，具有永恒的传承价值。

① 以顺应时代发展要求进行创新

强调中华优秀传统文化的价值，并非旨在机械地"复刻"古代典籍的字面内容，而是倡导将典籍中的智慧精髓与当代社会的时代特征相融合。关键在于深度挖掘传统文化的核心意义与精髓所在，对那些真正具有时代价值的元素进行创造性的转化与应用，避免仅仅是将传统形式与内容不加批判地照搬至现代。

② 以服务思政课教学进行创新

文化是人们思想观念的理论体现，也是人们创造性的生活、生产活动的理论体现。要激发教师在思政课上积极主动地对融入的中华优秀传统文化进行创新性发展，要切实推动中华优秀传统文化的深度弘扬，关键在于思政课教学的创新与实践。在教学过程中，应精准把握创造与创新的精髓，对传统文化采取批判性审视与选择性继承的态度，使中华优秀传统文化的精髓能够与时俱进，与新时代的精神风貌和社会需求相契合。

（3）渗透性原则

渗透原指生物学上的水分子经半透膜扩散的现象。它由高水分子区域（低浓度溶液）渗入低水分子区域（高浓度溶液），直到半透膜两边水分子达到动态平衡。水分子会经由扩散方式通过细胞膜，这种现象称为渗透。比喻某种事物或势力逐渐进入其他方面。这里使用的是渗透的比喻意义，指中华优秀传统文化渗透到思政课中。所谓渗透性原则指教师通过构建宽松的心理环境，把中华优秀传统文化与思政课各学科教学活动有机融合、相互贯通，并通过学校生活、校园环境等延伸活动的共同作用，让学生积极主动地学习，以培养他们对思政课的兴趣，对中华优秀传统文化的感受力、表现力、创造力。

在学校的各项具体工作中如何贯彻渗透性原则？第一，在思政课各学科的课堂上，思政课教师要有意识地结合思政课内容并尽量多地融入相关的中华优秀传统文化。第二，除了思政课外的其他各学科要尽量多地挖掘其中的思政元素，进行课程思政教育。第三，开设中华优秀传统文化课程，对学生进行一般知识的讲解，使学生一般性地了解中华优秀传统文化的内容、特征、分类、当代意义等。第四，开设专题讲座。聘请名校名师专题讲解中国哲学、诗词歌赋、建筑园林、传统音乐、体育等，以中华传统文化滋养学生的思想和心灵。第五，每学期进行一次关于中华优秀传统文化的游学教学活动，让学生身临其境地体验中华传统文化的魅力。第六，以中华优秀传统文化为内容打造校园环境。从宿舍到教室，从操场到图书馆，从食堂到各地办公室，从楼道到校园街道等的硬件设施着手，构建一个深度融合中华优秀传统文化精髓的校园生态环境。学生们在这样的氛围中成长，既能领略其博大精深，又能感受其温暖与力量。随着时间的推移，这些文化精髓将自然而然地内化为学生们的精神追求，进而在他们的日常行为中得以体现，实现由知到行、由内而外的积极转变。

（4）适应性原则

大学阶段中华优秀传统文化融入思政课的内容适应大学生的心理特点、认知规律、教育教学规律，可以"经史子集"等选本为主，培育学生对经典的探究能力，增强大学生对中华优秀传统文化的责任感和使命感。主要通过书写、释义、会讲、践行等方式来学习伦理、政治、哲学等"穷理正心，修己治人"的学问，深入领悟并精准把握中华优秀传统文化的核心要义。这要求大学生不仅要提升对传统文化的自主学习能力，还要勇于探究其深层内涵。中华优秀传统文化不仅是中华民族的精神命脉，更是中国特色社会主义事业的坚实根基。他们应当学会以辩证的眼光审视传统文化在当代的价值，理解它在现代社会中的新生命力和应用空间。高校还应激发大学生的家国情怀，鼓励他们将个人的成长与国家的命运紧密相连，将个人的理想追求融入实现中华民族伟大复兴的中国梦这一伟大事业之中。

2. 传统文化融入思政课的途径

（1）提高思政课教师的传统文化素养

2017 年国务院印发的《关于实施中华优秀传统文化传承工程的意见》中强调："加强面向全体教师的中华文化教育培训，全面提升师资队伍水平。"[①]教

---

① 中共中央办公厅 国务院办公厅印发《关于实施中华优秀传统文化传承发展工程的意见》[J]. 中华人民共和国国务院公报，2017（6）：18-23.

师本身的中华优秀传统文化素养,直接影响着中华优秀传统文化融入思政课的深度与广度,必须重视思政课教师的传统文化素养的培养和提升。只有传统文化底蕴深厚的教师,才能更好地激发学生学习中华优秀传统文化的兴趣,建立良好的师生关系,获得学生的信赖,担负起学生学习和发展的引路人。

① 注重思政课教师身正为范的榜样作用

古人说:"师者,人之模范也。"[①]在学生眼里,老师是"吐辞为经、举足为法",一言一行都给学生以极大影响。教师思想政治状况具有很强的示范性。要坚持教育者先受教育,让教师更好担当起学生健康成长的指导者和引路人的责任。要真正做到中华优秀传统文化融入思政课,对思政课教师的要求不可谓不高,要真正做到中华优秀传统文化赋能课程思政,各学科课程教师都要具备一定的中华优秀传统文化素养。特别是各学科课程教师不能只具备该学科的专业知识,必须要加强传统文化修养、具备一定的中华优秀传统文化功底,并将中华优秀传统文化思想融入自己的生活实践中,重视自身的言谈举止,做到言行一致、知行合一。教师高尚的道德情操、正直的人品、严谨求实的治学态度,以及深植于心的民族认同感和浓厚的家国情怀,能为学生树立光辉的榜样,对学生的全面发展产生深远而积极的影响,会让学生在不知不觉中爱上中华优秀传统文化。

② 思政课教师的自觉融入行为

思政课教师在教学实践中,应主动且自觉地融入中华优秀传统文化的丰富元素,积极响应习近平总书记在学校思想政治理论课教师座谈会上的重要指示。思政课教师只有提高自身对思政课和中华民族优秀文化的热爱程度,才能为学生带来示范效应,从而激发学生学习思政课和中华优秀传统文化的意识。思政课教师应坚定秉持政治立场正确、政治素养卓越、思想境界高远、学识视野开阔的原则,并身体力行,通过自我高标准严要求的示范,成为学生道德风尚的楷模。思政课教师不仅在文化素养上追求卓越,更需深植家国情怀,通过实践锻炼品性,以理论学习丰富人生感悟。在教学过程中,思政课教师应将中华民族璀璨的文化遗产转化为生动的学习资源,巧妙融入课程体系之中,以此激发学生对优秀传统文化的热爱与探索欲,进而增强其民族自豪感与认同感。

---

① （汉）扬雄. 扬子法言译注 [M]. 哈尔滨:黑龙江人民出版社,2003.

思政课教师应将培育学生卓越的思想文化境界及引导他们持续传承与创新中华民族优秀传统文化视为己任,通过展现教师的个人魅力与促进学生思想的深度发展,让中华民族优秀传统文化在思政课堂上绽放璀璨光芒。为此,思政课教师应秉持终身学习的理念,不仅要在实践中积极弘扬中华优秀文化,深化民族认同,还需在课前精心策划教学方案,深入解析教材精髓,并广泛吸纳多元资料,为学生构建科学、正确的文化观念与传承意识奠定坚实基础。思政课的实施应坚定不移地遵循主流价值导向,积极萃取文化之精华,致力于帮助学生将优秀文化内化于心,外化于行。在这一过程中,教师应成为引领学生探索文化的灯塔,激发他们的文化自觉与文化自信,共同为中华民族优秀传统文化的传承与发展贡献力量。

③ 思政课教师要加强对中华优秀传统文化理论的理解力

在制定思政课程教育方案时,学校应将提升思政课教师的文化理论理解能力置于重要位置。关键在于探索如何高效地将中华优秀传统文化巧妙融入思政教学之中,同时,充分发掘并运用教师们的深厚理解力与独特教育技巧,以最大化发挥思政课的教学成效。高校要定期对思政课教师,尤其是新教师,开展中华优秀传统文化和思政课的课程培训并进行考核。鼓励教师广泛参与各类文化活动,让他们亲身感受并深刻领悟中华优秀传统文化的深厚底蕴与博大精深。通过丰富的体验与学习,教师应逐步认识到将中华优秀传统文化融入思政教学的深远意义与价值,从而在教学实践中积极寻求将民族文化精髓与思政课程内容有机结合的方法与途径,以此促进学生文化素养与思想道德素质的全面发展。在日常的思政教学实践中,教师应具备将各学派优秀思想精髓融入课程内容的敏锐意识,以此不断丰富与深化教学层次。在传授知识的同时,更要注重引导学生树立正确的历史观、国家观与文化观,将中华民族优秀传统文化的精髓巧妙融入课堂。

④ 思政课教师要灵活运用教育方法

教师在教学过程中应采取启发式教学策略,以激发学生主动学习的兴趣,通过深入浅出的引导,促进学生知识的内化与迁移。教师应巧妙地将中华优秀传统文化与思政课教学内容相结合,使学生在学习思政知识的同时,也能深刻感受到中华文化的博大精深。在思政课的教学过程中,教师们需紧密遵循新课标的要求以及国家顶层设计的指导原则,灵活运用多样化的教学手段,如通过情境教学法创设贴近生活的情境；案例教学法则以具体案例为载体，引导学生分析、解决问题；合作探究教学法则鼓励学生团队合作，培养批判性思维与创新能力。思政课教师要落实习近平总书记提出的"善用大思政课"，在教学中结合教材、结合学生生活实际情况创立情境，适时引进鲜活的社会题材。思政课教师要根据本节课所要教授的内容和所要探究的问题，具体创设符合实际情况的教学情境，积极引导学生参与到情境教学中来，不断提高学生的参与合作意识，才能更好地在情境中践行中华优秀传统文化中的道德理论。

鉴于当代大学生群体对新鲜事物展现出高度的接纳与探索意愿，针对其开展的思想政治教育工作必须与时俱进，采取新颖的方法与途径，以实现个性化教学。在此过程中，应积极探索并拓展优秀传统文化在思想政治教育中的多元应用渠道，提高大学生思想政治教育的质量和效果。

（2）将传统文化融入思政课教材中

将中华优秀传统文化有效融入思政课，要从思政课堂教学的源头——教材开始改变，增加中华优秀传统文化的相关内容。大学马克思主义理论研究和建设工程思政课教材内容在融入中华优秀传统文化上还很有限，在准备教材的过程中，教师需要充分掌握好教材内容和中华优秀传统文化的精神实质和价值内涵，尽力挖掘、梳理出它们的契合点，批判性地继承和吸收中华优秀传统文化中的精华内容，从中筛选出符合高校思政课思政育人目的，激发学生爱党爱国的知识点。高校思政课教材是马克思主义理论研究和建设工程重点教材。高校思政课教师还要注重挖掘中华优秀传统文化与马克思主义理论的契合之处，才能学透、教好高校思政课。

① 选择精华内容

由于中华优秀传统文化中有精华，也有糟粕，因此，它制约着思政课教材体系的建构及课程知识的选择。中华优秀传统文化不仅承载着丰富的精神遗产，更蕴含着独特的民族精神与价值追求，其魅力跨越时空，历久弥新。对于当今学校教育而言，这份宝贵的文化遗产具有不可估量的思想政治教育价值。因此，在精心构建思政课教材体系的过程中，应当将中华优秀传统文化视为基石，通过精心筛选与整合，将那些最具代表性、最具教育启迪意义的传统文化知识巧妙地融入其中。这样的举措不仅能够丰富思政课的教学内容，更能在潜移默化中引导学生深刻理解并认同中华民族的优秀文化传统，从而激发他们的文化自信与民族自豪感。学校教育在塑造学生认知框架与价值观体系方面扮演着举足轻重的角色。为了全面而深刻地影响学生,应当以儒家道德文化为主体,同时广泛吸纳法家、墨家、道家、佛家等多元文化的精髓,共同编织成思政课教材的丰富内容,为学生开阔视野提供坚实的文化基础。融入思政课教材的中华优秀传统文化要符合时代发展需求,具有充分的教育价值,能帮助学生更有效率地学习与领略中华优秀传统文化的精髓。也就是说,在编纂思政课教材之时,应秉持匠心独运的精神,遴选出深刻反映中华民族人文精神光辉、鲜明彰显民族文化传统魅力以及生动展现中华民族勤劳勇敢优良品质的文化精髓,并将之巧妙地融入教材体系之中。使学生不仅能够深入领悟本民族文化的独特韵味与深厚底蕴,更能在此过程中逐步加深对本民族文化的认同感与归属感。

② 文化与教育要互补

教育本身是文化的表现形式,文化的变迁深刻影响着教育发展的轨迹,而教育作为文化传承与创新的重要载体,其核心使命之一便是传授文化知识,这充分揭示了教育与文化之间不可分割的内在联系。教育本质上是一个文化选择、发展与创新并进的动态过程,思政课教材的建设也是一场文化选择与知识重构。思政课教材建设与中华优秀传统文化之间的良性互动关系,不仅促进了思政课教材内容的丰富与完善,也推动了中华优秀传统文化的传承与创新。

③ 选取具有思政教育价值的文化

学生的全面发展离不开知识的滋养,但知识需具备教育价值。将中华优秀传统文化融入思政课教材,不仅是一种教育实践的创新尝试,更是对教育教学规律深刻理解的体现。在思政课教材的编写过程中,核心任务在于精心挑选与组织知识、话题、材料、关系、活动及情境等元素,以构建一套既具深度又具广度的教学内容体系。换言之,学校在将中华优秀传统文化融入教育体系时,必须严格遵循学科教学的内在逻辑与规律,确保所选取的知识内容与认知材料既符合学生的成长阶段特点,又能有效促进他们的全面发展。当前,我国教育部已积极行动起来,致力于将中华优秀传统文化的精髓融入思政课教材之中,这一举措无疑为传统文化的传承与创新开辟了新路径。未来应更加专注于如何科学、系统且富有策略地将这些蕴含深厚教育价值的传统文化内容,巧妙地编排到各学科的教材体系之中,使之成为一种隐性的教育力量。这样,传统文化不仅能够作为显性知识被学生学习掌握,更能在无形中滋养学生的心灵,塑造他们的品格，激发他们的文化自觉与自信，落实思想政治教育的任务。

④ 贴近学生生活实际

关注学生的生命成长轨迹，必然要回归到他们丰富多彩的真实生活之中。因为，教育的终极追求正是为了让学生能够更好地生活，而教育过程中，充分尊重与培养学生个性，则是其最为本质的内容。面对生活的不断变迁，尤其是学生生活环境的日新月异，教育必须展现出高度的适应性与灵活性。在将中华优秀传统文化融入思政课教材的实践中，同样不能忽视教育与生活的内在联系。应当努力寻找传统文化与学生生活的契合点，让古老的文化智慧在学生的现实生活中焕发出新的生机与活力。从学生现实生活出发，为了学生更好地生活而选取具有生活性特点的中华优秀传统文化融入思政课教材。而中华优秀传统文化本身并不缺少生活性。无论是古典诗词、民族音乐，还是多彩民俗，这些文化瑰宝以其深厚的生活底蕴，能够自然而然地激发学生们的学习兴趣，促使他们在探索与体验中逐渐产生认同感，进而将所学内化于心。将中华优秀传统文化巧妙地融入思政课教材之中，不仅是对这一宝贵文化遗产的致敬与传承，更是让其在新的时代背景下焕发新生的重要途径。

⑤ 遵循心理认知规律

在大学这一高等教育的关键阶段，教育的核心应聚焦于培育学生对中华优秀传统文化的自主学习能力与深入探究精神。高校思政课教师应巧妙地将教材内容与中华优秀传统文化的重要典籍相融合，构建一个既传统又现代的知识体系。通过组织丰富多样的讨论与探究活动，引导学生不仅停留在表面的知识获取，而是深入挖掘中华优秀传统文化的内在精髓与价值。中华优秀传统文化承载着民族的历史记忆与精神追求，在此基础上，培养学生以辩证的眼光审视这一文化在当代社会的独特价值，帮助学生准确把握中华优秀传统文化与中国化马克思主义、社会主义核心价值观之间的内在联系与相互促进关系。引导学生不断完善个人品德修养，树立家国情怀，将个人的价值追求融入国家发展的历史洪流之中。

（3）将传统文化融入思政课教学中

在思政课的教学过程中，应深入剖析教材内容，敏锐捕捉与中华优秀传统文化的契合之处，并致力于实现二者的有机融合。为了丰富课程的深度与广度，应融入中华传统美德、家国情怀。

① 融入课堂教学中

在将中华优秀传统文化内容融入课堂教学时，教师应秉持创新理念，灵活采用多元化的教学方法，包括经典的讲授法、直观的演示法、活跃的参与式教学法以及沉浸式的情景教学法等。通过音频、视频、图像等多媒体元素的巧妙运用，不仅能让课堂内容更加生动形象，还能有效吸引学生的注意力，激发他们的学习兴趣。不同学段的思政课在融入中华优秀传统文化时要结合学生的心理、认知规律，教材内容要有所取舍，尽力用好、讲活教材中的传统文化，教材中没有的可以结合上述标准去寻找挖掘。教师选取中华优秀传统文化的原则要尽量贴近学生日常生活、学习、熟悉的人和物，多给学生感性感觉。教师在引经据典时，优美的语言表述可以营造一个诗情画意的意境，让学生体会到中华优秀传统文化的美。思政课的课堂教学环节大体包括复习旧课、导入新课、讲授新课、课堂小结、课后作业等。

② 融入实践教学中

学习是成长进步的阶梯，实践是提高本领的途径。学生在课堂学习中获取的知识固然以书本为基础，但要想真正深化对中华优秀传统文化的理解与感悟，还需借助一系列丰富多彩的校内外实践活动。通过参与精心设计的实践活动，学生们不仅能够为校园生活增添一抹亮色，使精神世界得到滋养与丰富，更能在实践中磨砺自我，提升自理自立的能力。团队合作项目的开展，让学生在共同完成任务的过程中学会沟通协作，培养了宝贵的团队精神。

A. 通过传统节日开展实践教学活动

我国的传统节日历经数千年风雨洗礼，其深厚的文化底蕴已深深植根于民众的日常生活与心灵深处，成为弘扬中华优秀传统文化的重要载体。通过组织丰富多彩的实践教育活动，学校不仅让学生们亲身体验到节日的欢乐与庄重，更在潜移默化中加深了他们对传统节日的认识与理解，进而激发了他们内心深处的民族自豪感与文化认同感。引导学生深入了解这些节日的起源、发展及其背后的深刻寓意，对于培养他们的文化素养、道德情操及价值观念具有不可估量的价值。

第一，开展节日纪念活动。重大节庆日除了春节、元宵节、清明节、端午节、七夕节、中秋节、重阳节等传统节日外，还包括孔子诞辰纪念日、老子诞辰纪念日等。学校应当深入探索传统节日及重要纪念日中蕴藏的宝贵教育资源，巧妙地将这些内容与中华优秀传统文化的精髓相融合，为学生提供具有针对性和深度的教育引导。在策划与实施教育活动时，不仅要保留节日或纪念日的原始意义与庆祝方式，更要创新性地融入中华优秀传统文化元素，使两者相得益彰，共同促进学生的全面发展。通过这些方式，学校不仅让学生充分了解了节日或纪念日的原本意义，更在潜移默化中加深了他们对中华优秀传统文化的认识和了解，促进了学生文化素养与道德品质的双重提升。如春节是中华优秀传统文化的重要载体，代表着新的开始和新的希望，是中华民族最隆重最盛大的传统节日，有守岁、贴春联、放鞭炮、吃饺子、拜年等习俗。元宵节和汉朝的诸吕之乱、祭祀、佛教有千丝万缕的联系，有赏灯、吃元宵的习俗，各朝各代在元宵节都要放假，男女都可以上街观灯游玩。清明节的由来需要了解上巳节和寒食节，有插柳、扫墓、踏青、吃青团的习俗。端午节不只是和屈原有关，还和伍子胥、介子推、越王勾践、曹娥等有关系，有吃粽子、赛龙舟、挂五彩绳、插艾的习俗，是第一个入选世界非物质文化遗产的节日。七夕节又被称为乞巧节、女儿节，是女孩祈求心灵手巧的节日，由于牛郎织女的爱情故事，被称为中国的情人节。中秋节则是以月圆象征人的团圆，同时还有文人墨客以月圆来表达自己的思乡之情，也表达古人对自然的亲近和喜爱之情，中秋节有吃月饼赏月的习俗。和月亮有关的科学知识如潮汐、月食、引力等也要讲给学生。重阳节有登高、插茱萸、喝菊花酒的习俗，因为九和健康长久的久谐音，又被称为老人节。以上传统节日除了元宵节外都已经成功申请世界非物质文化遗产。带学生进行中华优秀传统文化活动时，必须让学生了解到每个节日背后都包含了古人的殷切期盼。现代的节日也可以融入中华优秀传统文化的内容。如三八妇女节时可以回顾中国古代妇女的生活和地位，用孔雀东南飞中的刘兰芝无辜被公婆驱遣、裹脚对妇女身体的摧残等情景来比照新时代的妇女们拥有自由、平等的工作、生活权利的情况。植树节可以追溯到西魏、北周时期，一个名叫韦孝宽的将军在路旁植树代替计算道路里程的土台。植树节还和清明插柳植树有联系。现代的植树节则同植树造林、保护环境息息相关。五一劳动节可以弘扬"劳动最光荣"的思想，开展以此为主题的演讲、征文等，让学生养成热爱劳动的习惯。五四青年节可以联系古人霍去病、孙权、周瑜、王勃等青年有为、有责任担当的事例，鼓励学生要以"天下兴亡，匹夫有责"的精神去努力学习……在庆祝节日的活动中，让学生深刻体会到传统节日的生命力、凝聚力、创造力，传统节日包含的民间风俗、饮食文化、诗词歌赋等文化内涵，蕴含的积极向上的道德追求及丰富的价值观。如王安石的《元日》写春节，辛弃疾的《青玉案·元夕》写元宵节，杜牧的《清明》写清明节，苏轼的《浣溪沙·端午》写端午节，杜牧的《秋夕》、佚名的《迢迢牵牛星》写七夕节，张九龄的《望月怀古》写中秋节，王维的《九月九日忆山东兄弟》写重阳节，等等。

第二，开展节日实践活动。为了让学生更加亲近并深刻理解传统节日的独特魅力，应积极鼓励他们投身于丰富多彩的节日活动中，亲身体验那些流传千年的习俗与文化。春节之际，学校可以策划一系列传统手工艺活动，如指导学生书写并张贴春联，剪裁寓意吉祥的窗花，以及亲手制作贺卡传递新春祝福。元宵节时，可以组织学生们一起动手煮制软糯香甜的汤圆，开展赏花灯、猜灯谜的趣味活动。清明时节，学校可以组织学生前往烈士陵园或抗战遗址进行实地参观，或利用网络平台参与网上祭英烈活动，引导学生深刻理解革命先烈的英勇事迹与牺牲精神，激发爱国情感。

B. 通过礼仪教育开展实践活动

中华民族自古就有"礼仪之邦"的美誉。"礼"是中华民族的突出精神。好礼、守礼是中国人民自古以来遵循的处世原则，孔子提出："不学礼，无以立。"[1]孔子视"学礼"为教育学生的基石，强调礼仪是塑造个人品德与行为规范的根本原则。在学生群体中广泛开展礼仪教育活动，不仅能够增强学生的文明礼仪意识，还能有效提升其综合素养。

第一，加强学生的仪式教育，增强仪式感。中国古代有许多仪式，最早的仪式就是祭祀礼仪，还包括祭孔大典、出生仪式、婚嫁仪式、丧葬仪式、祭奠仪式等，这些仪式最早起源于原始宗教和图腾。在学校让学生通过参加各类仪式，规范学生在不同场合的规矩意识，由此可影响到学生的思想观念、政治立场、价值观念。如校庆仪式、入学典礼、毕业典礼、运动会入场仪式、升旗仪式、上下课仪式等。在对学生进行仪式教育时，要去除功利色彩浓厚、形式主义严重的仪式规范的不良影响。

第二，加强学生的礼节教育。礼节作为个人礼仪体系中不可或缺的一环，

---

① 刘兆伟译注. 论语［M］. 北京：人民教育出版社，2015.

深刻体现了个人对他人及社会的尊重与敬畏。追溯至中国古代，其礼节制度虽历经沧桑，不乏需时代审视与摒弃的陈规陋习，但其中蕴含的深厚伦理道德观念，却是历久弥新、光彩照人的文化瑰宝。像一些基本礼节，如"父母呼，应勿缓""父母教，须敬听""出必告，反必面"等，可以原封不动传承。在礼节的传承与演变过程中，部分传统形式虽已逐渐淡出现代生活，如磕头、拱手等，但它们所承载的尊重与敬意的精神内核，却通过现代化的转化得以延续。

C. 通过参观考察历史文化遗迹进行实践教育

学校可以带学生去当地的历史文化遗迹开展实践教学。诸如民俗博物馆、历史名人纪念馆等文化场所，不仅承载着丰富的历史记忆，更是连接过去与未来的桥梁。在条件允许的情况下，组织学生前往外地的历史遗迹进行实地探访，更是一次难得的学习之旅。这种直观而深刻的学习方式，无疑将极大地开阔学生的视野，激发他们的学习兴趣与探索欲望。

D. 通过传统文化的研学旅行进行实践教学

先秦时期，孔子、墨子、庄子、韩非子等先贤，以其卓越的智慧与学识，游历四方，广收门徒。而今，研学旅行正以一种全新的、兼具计划性与目的性的形式，走进学校教育的视野。在组织研学活动时，将中华优秀传统文化融入其中，让学生在探索自然之美、领略祖国大好河山的同时，也能深刻体会到历史文化的厚重与深远。

E. 通过宣传传统文化的活动进行实践教学

如组织说唱比赛、情景剧表演、排练历史情景剧、开展主题讲座、举行传统文化优秀作品展等；通过阅读精选的经典图书以及观赏蕴含优秀传统文化精髓的视频资料，学生们可以通过撰写读后感或观后感等形式，将阅读与观看过程中的感悟与体会凝聚成文字。大学思政课教师可以组织实施文化调查活动和研学旅行活动，还可以让大学生利用寒暑假进行中华优秀传统文化调研，并写出调研报告等。这些活动让学生把教材内容、课题所学理论与社会实践活动相联系，学生得以亲身体验并深刻感受前辈们所历经的艰辛与挑战，以及他们在那段峥嵘岁月中展现出的卓越智慧与坚韧不拔的精神风貌。为了让学生更加积极主动地参与到弘扬与创新中华优秀传统文化的伟大事业中来，就要鼓励思政课教师积极搭建起学校与社区之间的桥梁，组织学生开展丰富多彩的志愿服务活动。应当充分利用互联网这一强大的媒介力量，通过构建专门的在线平台或网站，汇聚一系列关于优秀传统文化的视频资料、经典图书、精美图片等丰富资源，为学生打造一个便捷、全面的学习空间，让传统文化的学习不再受地域与时间的限制。在学生共青团、党员以及各类社团组织的活动中，可以巧妙地设计以优秀传统文化为主题的各类文化活动，如通过主题论坛鼓励学生交流思想、碰撞火花；演讲与朗诵比赛则为学生提供了展现自我、弘扬文化的舞台；讲座与征文活动则进一步加深学生对传统文化的认识与思考。

F. 实践教学重在体验中华优秀传统文化

通过开展各种校内外实践活动，体会中华优秀传统文化中的思政元素。如在校内开展诗词比赛、经典诵读、书法绘画展等传统文化展示活动，在校外参观古刹、寺庙、博物馆、古建筑、古民居等实践活动等。在"3·15"开展诚信教育活动。开展重要历史事件和历史人物纪念等主题教育活动。在这些活动中融入中华优秀传统文化元素，使学生受到更生动直观的教育，让学生更能深切理解、感受和体验中华优秀传统文化的韵味和魅力，能进一步加深学生对中华优秀传统文化的理解，体验其中的家国情怀、民族精神、人文精神等，能更好地将之内化于心、外化于行。

将实践活动与理论教学结合起来，学生在学科课程和校本课程中感受到的中华优秀传统文化教育更加直观鲜活，进一步加深学生对这些知识的理解和体验，使学生在参与中增强对中华优秀传统文化的认同感和获得感。学生在实践活动中陶冶心灵，深刻感悟，逐渐成为中华优秀传统文化的传播者、实践者和推动者。

（三）将传统文化融入校园文化环境建设中

校园物质环境不仅是支撑学校日常运作的基本条件，更是承载精神文化各要素的重要平台，因此，思想政治教育工作必须紧密依托这一独特的校园环境。校园文化环境，作为学校办学理念和育人氛围的集中展现，其重要性不言而喻。为了更有效地将中华优秀传统文化融入思想政治教育之中，不应仅仅局限于传统的课堂教学模式，而应探索更加多元化、立体化的教育途径。

1. 构建工作模式，使传统文化浸润校园

高校应积极整合丰富的校园文化活动及自身教育资源，加强师资队伍建设，选择符合本校特色的活动方式，构建"秉承四种精神、加强三个融合、体

现两个特色、营造一种氛围"工作模式，有效推进传统文化的传承。

（1）秉承四种精神：中华优秀传统文化博大精深、源远流长，其精神力量核心就是中华民族的道德精神，即矢志不渝的爱国精神、仁者爱人的博爱精神、自强不息的进取精神、厚德载物的兼容精神。

（2）加强三个融合：第一，提升师资水平，以教师为先导，以学生为主体，教学相长，加强师生融合；第二，突破专业限制，凝聚职能部门和学院合力加强专业融合；第三，积极向校外拓展活动平台，联合相关文化、艺术团体及企事业单位，加强校内外融合。

（3）体现两个特色：第一，时代特色。从当代青年实际需求和兴趣出发。通过"走出去"——感知实践，"请进来"——专家品鉴及高雅艺术进校园、影视联欢及诗会等学生喜闻乐见的多元互动形式，感悟中华传统文化，提升人文素养。第二，文化育人特色。用高雅、向上的传统文化来感染学生、教育学生，弘扬民族精神，凝聚中国力量，助力伟大中国梦。

（4）营造一种氛围：在全校范围内推进弘扬传统文化系列活动，深入挖掘优秀传统文化资源，大力营造弘扬中华传统文化的浓厚氛围，建立引导学生"爱学习、爱劳动、爱祖国"的长效机制。

2. 推进校园文化活动，文化育人感染学生

高校可以充分利用春节、端午节、中秋节等中华传统节日，精心策划形式多样、内容丰富的中华文化体验活动。如天津理工大学利用高雅意识进校园的平台，邀请中国歌剧舞剧院走进校园，演出大型原创舞剧《孔子》。优美的音乐旋律呈现出孔子的内心世界，艺术家们用娴熟的肢体语言表达了孔子的喜怒哀乐，演绎出了孔子智慧的光辉和儒家文化的魅力，展现了中华民族深厚的文化底蕴。此外，"龙声华韵"大学生青春诗会、"文化根民族魂中国梦"诗书画印品鉴活动、中外学生赴"孔孟之乡——山东"社会实践、"爱汉字爱汉语爱中国文化"汉字听写大会等活动的开展，使中华文化根植于天津理工校园，熏陶并影响着广大师生。

3. 加强校园文化元素，营造最佳的人文环境

环境可以塑造人，改变人，影响人。因此，要不断完善与中华优秀传统文化相关的校园文化环境建设。中华优秀传统文化历来也重视外在环境对人的道德品质的熏陶功能。因此，要善于把中华优秀传统文化元素融入校园文化环境

的建设之中，以中华优秀传统文化中的思政元素熏陶在校学生，增强对学生思想的渗透力和感染力。

校园环境蕴含的教育功能既独特又深远，为学生的全面发展铺设了坚实的基石，能促进学生身心的健康发展，要善于利用中华优秀传统文化建设校园文化环境。中华优秀传统文化元素融入校园文化环境的建设要由上到下系统展开，在办公区、教学区、宿舍区、活动区等合适之处布置传统文化内容。

高校应加强校园文化建设，投入人力、物力、财力，营造最佳人文环境，增强大学生对传统文化的认同感。目前高校改建、扩建工程纷纷上马，有些高校一味追求规模、前卫，而忽略了人文环境的营造。高校校园建设中应遵循"越是民族的，越是世界的"这样的理念，利用中华优秀传统文化要素合理规划校园布局。学校的规划设计要突出中华优秀传统文化的文化氛围、学术氛围和艺术氛围，创设规划、景观、建筑于一体的优美育人环境。在规划校园景观建设时，可考虑在校园合适的场所镌刻传统格言、树立先贤雕像、修建历史名人铜像等，氛围的营造会使学生得到潜移默化的影响和熏陶。为了彰显学校深厚的文化底蕴和教育理念，可以在学校的宣传窗、阅报栏、广播站及团队活动室等公共区域，精心策划并设置与中华优秀传统文化紧密相关的内容或特色板块。此外，图书馆作为知识的殿堂，更应成为弘扬中华优秀传统文化的重要阵地。可以专设一个"中华优秀传统文化阅读区"，不仅精选丰富的传统文化书籍供学生借阅，还以传统文化元素精心装饰该区域，如悬挂书法、国画作品，摆放古典家具等，营造出一种浓厚的文化氛围。

各高校应深刻把握中国传统文化的基本精神，将其精髓融入校规校训的制订之中。以清华大学的校训"自强不息，厚德载物"为例，这八字箴言不仅是对中华民族积极向上人生态度的高度概括与价值提炼，更是"刚健有为"这一传统文化精神的生动体现。这样的校训，不仅为学生树立了明确的道德准则与行为规范，更在潜移默化中增强了他们对中华优秀传统文化的认同感与归属感。

此外，可利用中华优秀传统文化培养良好的教风。教风作为教师在长期教育实践中积淀而成的态度与习惯，是教师职业精神、深厚专业素养及独特人格魅力的集中展现。良好教风不仅能够潜移默化地感染每一位学生，激发他们的学习兴趣与热情，还能有效促进良好学风的形成，为校园营造一种崇尚知识、追求卓越的浓厚氛围。学风作为学生在求学道路上所秉持的理念、态度及行为方式的集中体现，其形成与塑造离不开深厚文化底蕴的支撑。在推进学风建设的过程中，学校与教师应当积极挖掘并充分利用中华优秀传统文化的精髓，通过正面引导的方式，将传统文化中的积极元素融入日常教育教学之中。良好的学风是形成良好校风的关键。学校的教风、学风、校风是校园环境的重要组成部分。

中国传统文化犹如一座取之不尽、用之不竭的精神宝库，源源不断地为世人提供着滋养与启迪。同时，中国传统文化也是一种独特的思政与人文教育资源，其深厚的文化底蕴与丰富的思想内涵，为思想政治教育与人文素质培养提供了坚实的支撑与广阔的舞台。它不仅可以丰富思政和人文教育的内容，还可以提高教育的实效性，是大学生思想政治教育的沃土。因此，高校充分发挥文化传承职能有着重要的现实意义。

（四）加强中华优秀传统文化网络建设

在这个网络时代，学校要充分利用网络载体，充分利用学生喜欢网上冲浪的特性，科普提高学生的中华优秀传统文化素养，同时达到思想政治教育的目的。学校可设立专属网站，融合文字叙述、图片展示、音像与音频以及关键网络资源链接，构建一个多维度、立体化的学习平台。此外，该网站还可以积极探索传统文化与现代生活之间的契合点，创造出既传统又时尚、既深刻又贴近生活的教育内容。通过设计多样化、互动性强的线上体验，激发学生的好奇心与探索欲，引导他们主动参与到学习中来，感受传统文化的魅力，培养对中华文化的深厚情感与认同感。

1. 搭建传统文化网络教育平台

在新媒体蓬勃发展的时代背景下，不仅要巩固与拓展传统教育的有效途径，更要敏锐地把握机遇，积极开辟网络教育这一新兴领域。鉴于此，高校应充分利用网络技术优势，搭建起传统文化的在线教育平台，通过丰富多样的教学资源、生动有趣的互动形式，激发学生对传统文化的兴趣与热爱，有效提升思想政治教育的吸引力和感染力，为大学生提供更加便捷、高效的学习途径。

高校应高度重视并强化网络阵地的建设，致力于打造独具特色、高度精准、广泛影响力的"红色网站"。通过"红色网站"，能够创新性地传播中华优秀传统文化，突破传统教育模式的时空局限。将深奥的理论知识转化为生动形象的音频、视频内容，让大学生们仿佛穿越时空，亲身体验中华文化的博大精深与独特韵味。为了进一步增强网络思想政治教育的实效性，应深度融合中国传统文化元素，策划并开展一系列生动活泼、寓教于乐的网络活动。通过线上线下相结合的方式，形成强大的思想政治教育合力，共同促进学生的全面发展与健康成长。

首先，高校应积极投身于网络环境的净化工作，构建一个清朗的网络空间，为中华传统美德的弘扬与大学生思想品德的升华奠定坚实的基础。在此基础上，需进一步强化校园网络阵地的构建，精心打造一系列独具特色、引人入胜且影响力广泛的"红色网站"。可以从中国传统文化的深厚底蕴中汲取精华，巧妙运用文字、图像、声音及动画等多媒体手段，跨越时间与空间的界限，将深奥抽象的理论知识与直观生动的感官体验相融合。为了进一步激发大学生对优秀传统文化的兴趣与热爱，可以组织一系列富有创意与文化底蕴的活动。比如，举办以传统文化为主题的网页设计大赛，鼓励学生发挥创意，用现代科技手段诠释传统文化的精髓；或者开展中国重要历史人物与历史典故的微课制作比赛，让学生在深入研究与创作的过程中，深刻理解并传承中华民族的传统美德与智慧。

在构建和完善校园网络体系的同时，网络环境的净化工作同样不容忽视。鉴于大学生群体正处于思想成长的关键阶段，其辨别信息真伪与是非的能力尚待加强，因此，他们极易受到网络信息的左右与影响。面对网络信息量大、内容繁杂的现状，必须警惕那些潜在的负面信息可能对大学生健康成长造成的威胁。为此，思想教育工作者需紧跟时代步伐，不断提升自身的网络技术能力，以便更有效地介入网络空间，及时对大学生进行正面引导，教会学生网络自律，让他们明白自己是网络的主宰者，不是网奴，不应被网络牵着鼻子走，不要在网络上迷失自己。例如，可以充分利用线上平台，组织主题鲜明的班会活动，鼓励学生积极参与思想交流与讨论，增强学生的思辨能力，使他们学会以更加全面、辩证的视角审视网络世界，提升在纷繁复杂的网络信息中辨别是非的能力。还可积极探索将优秀传统文化教育深度融入多元化网络平台的途径，包括专题论坛、在线学习平台、QQ 社群及校内网络等，让网络空间成为大学生思想政治教育的新阵地，进一步拓宽其思想政治教育的渠道。

由于传统文化形成于古代，而互联网也才诞生不久，所以，目前二者的结合也是处于刚刚起步阶段，它们的融合还需要一段时间。当前，我们的核心使命为在网络空间内迅速构建起传统文化的教育阵地，为大学生群体打造一个便捷、高效的学习传统文化的环境。在探索将传统文化精髓融入思想政治教育的新路径时，应审慎考量以下几个关键方面：首先要革新观念，秉持稳健乐观的心态。传统文化的梳理工作是一个浩瀚的工程，其网络迁移之路需步步为营，方能精准筛选与传承文化精髓。其次，应运用网络打造富含中国传统元素与特色的思想政治教育网络平台，并加大力度研发传统文化教育软件，使之成为思政教育不可或缺的传播媒介。充分发挥网络多媒体技术的优势，将传统文化的教学内容由抽象转为具象，由乏味变得生动有趣，解决学习者的困惑，从而显著增强教育的吸引力和实效性。

网络虽为传统文化的传承开辟了崭新途径，却也同步对思想政治教育提出了更为严苛的挑战。鉴于此，思想政治教育工作者亟须自我提升，积极掌握高科技技术，传承中华文明，从而更好地完成思想政治教育的任务。

2. 有效利用网络平台学习

当今网络环境下，学生的学习方式、生活方式发生了巨大改变，必须善于抓住新时代学生的特征进行有针对性的教学。充分运用超星学习通、钉钉、腾讯会议、对分易等网络学习平台及在线课程资源，不仅能够打破传统课堂教学的局限性，还能巧妙地将中华优秀传统文化融入思政课堂，有效解决当代学生对中华优秀传统文化认知缺失的问题，进而增强他们对这一宝贵文化遗产的认同感和自信心。当学生遇到学习上的疑惑时，他们可以灵活利用网络平台随时回看学习资料和视频，也可以将问题留待课后进行更深入的探讨与交流，从而实现线上线下学习时间的无缝衔接与高效利用。此外，通过创建特色公众号、精心制作微视频、定期推送相关文章等多元化手段，让学生在课余时间也能受到中华优秀传统文化的滋养与熏陶。这种方式不仅优化了课堂时间的分配，提升了学习效率，还借助网络互动的优势，为学生们提供了即时解答疑惑、分享见解的便捷渠道，实现思想政治教育任务。

① 网络上文化类节目的学习

师生可以利用碎片化的时间在微博、学习强国等网络平台上观看相关内容的节目。如央视推出的《国家宝藏》《典籍里的中国》《中国诗词大会》，甘肃卫视 2014 年推出的综艺节目《大国文化》，山东卫视推出的弘扬中国刀文化的大型综艺节目《天下第一刀》，等等。在观看的过程中，师生们不仅能深化对中华民族文化丰富内涵的理解，还能从多元视角感受到中华优秀传统文化的独特魅力。那些具有真挚情感的画面，可以让教师们深切意识到传承与弘扬中华优秀传统文化是一项肩负历史使命、责无旁贷的重任。同时，教师们亦能从诸如《让好传统流行起来》《学诗学礼传承家风》《一双筷子》及《传统文化艺术的传承之旅》等公益广告和宣传片中汲取创意灵感。

　　② 公众号内容的学习

　　订阅与中华优秀传统文化相关的公众号，也是一种高效便捷的学习途径。这些公众号大致可划分为一般性公众号与校园公众号两大类，可以鼓励学生利用零碎时间，随时随地学习传统文化。此外，若学校公众号设有相关板块，也应鼓励学生积极参与其中，共同营造一个浓厚的传统文化学习氛围。教师作为引导者，通过公众号的学习，不仅能够持续增长自己的文化底蕴，还能把握节日等教育契机，将所学转化为生动的教学素材，让学生在庆祝节日的同时，深刻领悟到中国节日背后所承载的丰富文化内涵与深厚历史底蕴。

二、社会层面

　　社会环境内部交织着多元化的因素，对大学生的成长轨迹产生着深远的影响，同时也对思想政治教育的实施极其重要。政府应当主动担当起弘扬优秀传统文化的重任，通过制订一系列旨在促进大学生深入学习和广泛接触传统文化的政策措施，为传统文化的传承与发展注入强劲动力。传播媒介，特别是广播、电视、报纸等传统媒体，应充分展现其独特功能与价值，积极引领正确的舆论导向，宣传与推广优秀传统文化的精髓。社会团体与公共部门亦需承担起重要责任，努力为大学生提供更多接触与了解优秀传统文化的机会与平台，特别是要加强图书馆、博物馆等文化基础设施的建设与完善。社会各界应共同努力，营造一个积极向上、充满正能量的社会文化环境，为思想政治教育的有效开展奠定坚实的基础。

　　在我国，营造优质的文化环境，就要以科学的理论作为引领民众的灯塔，确保以正确的舆论导向引领社会风尚，运用高尚的精神力量塑造国民品格，并借助卓越的文化作品激发人们的内在动力与情感共鸣。

社会环境是极其复杂的，它综合了周围的各种因素，这些因素在悄无声息之中对大学生产生着深远的影响。同时，这样的环境也赋予思想政治教育以新的内容和挑战。构建一个优质的文化环境，其核心在于具有正确的舆论导向，这也离不开卓越的文化产品与丰富多元的文化活动。这些文化元素不仅丰富了人们的精神世界，还促进了社会的和谐进步，为社会的全面发展奠定了坚实的基础。

首先，政府应该不遗余力地弘扬我国的优秀传统文化，制定出更多有利于大学生学习和了解优秀传统文化的政策，并且提供更多的平台和机会让大学生接触和深入了解这些文化瑰宝。在政策和经费上，政府应该给予大力支持，为大学生创造更好的学习条件。

其次，传播媒体应当充分发挥其独特优势，宣传与推广我国优秀传统文化的精髓与内涵。通过多样化的传播手段与渠道，营造一个积极向上、有利于优秀传统文化广泛传播与深入发展的社会氛围。

最后，社会团体和公共部门也应该尽其所能，为大学生了解和接触优秀传统文化提供更多的机会，尤其是要加强图书馆、博物馆、文化馆等文化基础设施的建设，让大学生有更多的机会去学习和体验传统文化。

三、家庭层面

家庭，这个温馨的港湾，在传统文化的传承中扮演着不可或缺的角色，它不仅是孩子成长的摇篮，更是教育的第一线。家庭，这个看似普通的单位，却蕴含着深厚的文化底蕴和教育力量。在家庭中，父母亲是孩子接触世界的最初引导者，也是孩子学习社会规范和价值观念的第一任导师。他们不仅仅是孩子的依靠，更是孩子眼中最权威的榜样。

"父母是孩子的第一任老师"，这句话道出了家庭教育的重要性。传统文化通过家庭的温暖和父母的日常行为，无时无刻不对孩子进行着熏陶和教化，这种影响是深远而持久的。家庭，是孩子学习并实践孝悌、慈爱、和睦、友善、尊老爱幼等传统美德的第一个舞台。这些美德不仅仅是口头上的教诲，更是父母在日常生活中的实际行动的体现，孩子在这样的环境中耳濡目染，自然会学会这些宝贵的品质。

在家庭教育的过程中，父母不仅要关注孩子的学业成绩，更要致力于孩子品德的培养和个性的塑造。具体而言，父母应当不失时机地将中国博大精深的传统文化教育融入日常生活的方方面面。这不仅包括对中国古典文学和艺术作品的欣赏，更体现在对中国传统文化中那些富含哲理和道德寓意的经典故事的讲述和阐释上。通过这些故事，孩子们能够在轻松愉快的氛围中感受到传统文化的魅力，并在无意识间接受到其精髓的熏陶。

此外，父母的行为举止同样对孩子产生深远影响。因此，家长需要身体力行，将中华民族的传统美德，如孝敬父母、尊老爱幼、诚实守信、勤劳节俭等，内化为自己的道德准则，并外在表现为日常生活中的具体行为。通过这样的实践，家长能够为孩子树立起直观可感的榜样，使他们在家庭这个最小的社会单元中学会尊重他人、理解合作、勇于担当，从而培育出健全的人格和正确的价值观念。

家庭教育的重要性并不因孩子的成长而减少，尤其是在孩子步入大学阶段，家庭的作用愈发显著。面对大学生，家长依旧需要发挥其引导和塑造孩子思想道德的作用。家长应当营造一个充满积极能量、洋溢着传统文化气息的家庭环境，让孩子在家中随时随地都能感受到传统文化的魅力和价值。这样，当他们接触和了解这些优秀传统文化时，就能自然而然地产生共鸣，进而愿意去学习和传承这些美德。

综上所述，家庭教育的力量不可小觑，它能够在孩子成长的道路上提供坚实的支撑，为他们的未来打下坚实的基础。通过将传统文化教育与日常生活紧密结合，以及家长的以身作则，家庭的教育功能将得到最大化的发挥，这对于孩子全面而深入地认识中国文化，培养他们的道德情操和人文素养，具有至关重要的意义。

四、学生层面

在当今的社会环境中，外部因素对大学生的影响日益增多，这些影响有积极的，也有消极的。面对这样的环境，大学生们更应当树立起自觉提高思想政治素质的意识。他们需要积极关注并深入研究中国源远流长的优秀传统文化，汲取其中最为精华的部分，以此来约束自己的行为，提升个人品质，进行自我修身养性。这不仅是对个人的内在要求，更是一种对整个社会负责的表现。

大学生们更应该特别强调培养和加强自身的爱国主义精神，深入理解和感受我们的国家的历史和文化，深深地热爱我们的国家，应该拥有强烈的民族自尊心和自豪感。同时，大学生们也应该培养对社会的责任感，勇于担当，愿意为社会的发展和进步作出自己的贡献。

在学校中，大学生们应该认真学习专业知识，努力提高自己的专业技能，为将来的职业生涯打下坚实的基础。他们应该充分利用学校提供的各种资源和机会，积极参与学术研讨，拓宽知识视野，提升专业素养。同时，大学生们也应该积极利用新兴媒体的力量，培养自己的创新思想和创新思维，提升自己认识事物和判断事物的能力。这样，他们才能更好地适应社会的发展，满足社会的需求，为我国成为社会主义的接班人和建设者做好准备。

总的来说，大学生们应该在积极应对外部因素的影响的同时，更加注重自我修养和自我提升，以更好地适应社会的发展，满足社会的需求，为我国的发展作出更大的贡献。

第五章 中国传统文化与职业素质教育

职业素质教育是当代大学生教育的一项重要内容。本章为中国传统文化与职业素质教育，具体包括中国传统文化中的敬业观、当代职业素质构成及要求以及中国传统文化与大学生职业素质教育的融合。

第一节 中国传统文化中的敬业观

传统文化中的敬业观念对当代大学生的职业素质教育有着深刻的影响。本节将对中国传统文化中的敬业观进行详细阐述。

一、敬业和敬业观的含义

（一）敬业

中华民族一直保持着对"敬"和"敬业"的尊崇，通常以道德规范的形式对当时的人们作出要求，"敬"和"敬业"的内涵也随着我国社会历史的推进不断发生演变。《诗·周颂·敬之》里说，"敬之敬之，天惟显思，命不易哉"[①]。这里"敬"通"儆"，意思是儆戒，同"警戒"，其中也蕴含虔诚、敬畏之意。《说文》里说："敬，肃也。肃，持事振敬也。"[②]这里的"敬"可理解为端肃，侧重指个人要注重保持外在的仪表端庄、整洁，保持对所做的事情的专注。《孟子》里说："敬人者，人恒敬之。"[③]这里的"敬"指的是尊敬、恭敬，是个人

---

① 张南峭校注. 诗经 [M]. 郑州：河南人民出版社，2020.

② （东汉）许慎. 说文解字注 [M]. 上海：上海书店，1992.

③ （战国）孟子. 孟子 [M]. 哈尔滨：北方文艺出版社，2019.

与他人交往的态度、准则。"业"最早的含义为学业，后面增加了事情、职业、岗位等含义，如今还指事业。梁启超在《敬业与乐业》一书中对"敬业"解释是："凡做一件事，便忠于一件事，将全副精力集中到这事上头，一点不旁骛。"①

综上所述，敬业是指个体能够恭敬、谨慎、专心、负责地对待自己的职业、事业、学业，热爱本职工作，忠于职守，持之以恒；扎实的专业技能；勤勉的工作态度，脚踏实地，任劳任怨；积极的进取意识，追求创新，精益求精；无私的奉献精神，舍己为公，忘我工作都是敬业的必要构成因素。

（二）敬业观

大部分学者往往未严格区分"敬业观"与"敬业精神"的概念，经常互换使用敬业、敬业观、敬业精神、敬业价值观等术语，未明确它们各自的特定含义。实际上，敬业精神的概念范畴相较于敬业观更为宽泛，它不仅蕴含了敬业观的核心内容，还进一步扩展至职业道德观的内容。职业道德观，亦称为职业道德规范，是指在职场环境中，个体所应遵循的、具有职业特性的道德标准与行为指导原则，这些原则和标准随着社会的变迁与发展而不断更新与完善。在当今中国社会，职业道德规范涵盖了爱岗敬业、诚实守信、办事公道、服务群众和奉献社会这五大核心要素。这些规范转化为个体内在的敬业意识与情感，经由敬业意志的磨砺，最终体现为具体的敬业行为。唯有如此，个体方能深刻理解职业所承载的使命与责任，推动职业道德达到新高度，为社会的和谐稳定贡献力量。

二、中国传统敬业观的主要内容

（一）谋道奉献、业以济世的职业理想

敬业观是社会对人们工作态度的要求，其核心是奉献精神。奉献是一种真诚而自愿付出的行为，表现为强烈的道德责任感和义务感，奉献精神是一种纯

---

① 梁启超. 敬业与乐业 [M]. 南京：江苏凤凰文艺出版社，2018.

洁而高尚的职业精神。《礼记·礼运》说:"大道之行也,天下为公。"[1]敬业的最高境界就是自觉地承担和履行社会责任,为国家、为人民、为更远大的正义事业而奋斗,以实现最大的社会价值。在"天下为公""为国为民"的社会里,人们的道德行为要合理合规,合乎社会标准,不能"独亲其亲,独子其子"。古代的学者在学习的同时,要求自己用所学的知识为国、为民谋取福利。正所谓"己欲立而立人,己欲达而达人。能近取譬,可谓仁之方也已。"[2]在为谁工作这个问题上,孔子认为工作不仅为了自己,更为了他人和社会,要为了他人的幸福而奋斗。这种敬业观不仅要求实现人的个人价值,而且也实现人的社会价值。所谓"分则和,和则一,一则多力,多力则强,强则胜物",每个人在自己的职责范围内充分发挥个人的才智,从而形成强大的合力,推动整个社会的发展。宋朝理学家张载提出:"为天地立心,为生民立命,为往圣继绝学,为万世开太平。"张载立志高远、勤于学习不仅是为了个人,更是为了达到修身、齐家、治国、平天下的伟大理想。"君子食无求饱,居无求安,敏于事而慎于言,就有道而正焉,可谓好学也已。""君子谋道不谋食。"[3]孔子认为君子应当克制追求物质享受,不过多地讲究饮食与居处,而应将注意力放在塑造自己的道德品质上,对待工作勤劳敏捷、谨慎小心,并且经常检讨自己,从而让自己拥有高尚的人格,实现自己业以济世的人生理想。

(二)尽忠职守、爱业乐业的职业情感

职业情感作为从业者对其所从事职业所持有的稳固而持久的态度,自内而外地对个体的职业行为产生着深远影响。积极的职业情感不仅是敬业主体构建敬业观的重要基石,还为其敬业之路铺设了坚实的情感基础。尽忠职守深刻体现了从业者强烈的敬业意识,是对职业责任与使命的忠诚践行。爱业乐业作为敬业情感的基本体现,展现了对工作的深切热爱与无私奉献。

《说文解字》中将"忠"解释为"敬"。对于古人来说,敬和忠是密不可分的两种美德,忠是敬业的重要方面。由于传统社会并不提倡职位间的流动,传统职业道德多强调从业者对职位要专注。"素其位而行,不愿乎其外""能守一

---

① (西汉)戴圣. 礼记 [M]. 西安:西安交通大学出版社, 2022.

② 刘兆伟译注. 论语 [M]. 北京:人民教育出版社, 2015.

③ 刘兆伟译注. 论语 [M]. 北京:人民教育出版社, 2015.

职，便无愧耳"①，从业者要安于他平素所处的地位和工作，不企求本分外的事情，专注于自己的本职工作，只要对社会有所进益便无愧于社会了。

从孔子对忠诚的理解来看，"忠"主要有三层不同的含义。首先，"忠"是指臣子对君王应尽的责任和义务。孔子认为"臣事君以忠"，忠心耿耿侍奉君主是臣子应当遵守的道德准则。在传统社会，特别是在政治伦理方面强调下对上的忠诚。其次，在处理人与人关系时应做到"与人忠"，即对自己服务的对象要尽心尽力，守好自己的本分，这是一种内在的道德理性自觉。职位有高低，但敬业方面没有高下之分。孔子的"居之无倦，行之以忠"②，《增广贤文》中的"但能守本分，终身无烦恼"③讲的就是对自己所从事的工作要尽忠尽责，竭尽全力，毫无保留。如《白公家训》中所说，"莫务便于己，凡事益于国，不欺心，不沽名"④，工作最要紧的莫过于尽心尽力做好自己的本职工作。在《论语·述而》中孔子自述其心态是"发愤忘食，乐以忘忧，不知老之将至"⑤。从这句话里，我们可以看出孔子在自己的工作、读书学习中体味到了无穷乐趣，展现出了积极向上的精神面貌。最后，要忠于自己的言行。子曰："言忠信，行笃敬。"⑥

（三）持之以恒、自强不息的职业意志

无论职业领域如何，从业者在职业生涯中总会遭遇形形色色的挑战与困境。职业意志，正是在此背景下彰显其重要价值，它指的是个体在践行职业道德、承担责任的过程中，所展现出的坚定不移的决心、克服万难的坚韧毅力以及不屈不挠的精神风貌。历史上，众多先贤均对敬业者的心理状态与职业意志给予了高度重视，他们强调，在工作中需持之以恒，拥有乐观向上的心态，以及面对困境时展现出的非凡毅力。

《易经》的"天行健，君子以自强不息"、孔子的"发愤忘食，乐以忘忧，

---

① （东汉）许慎. 说文解字 [M]. 北京：研究出版社，2018.

② 刘兆伟译注. 论语 [M]. 北京：人民教育出版社，2015.

③ （清）周希陶. 增广贤文 [M]. 合肥：安徽文艺出版社，2004.

④ （明）袁了凡. 家训宝典 [M]. 北京：世界知识出版社，2019.

⑤ 刘兆伟译注. 论语 [M]. 北京：人民教育出版社，2015.

⑥ 同⑤.

不知老之将至"、荀子的"锲而不舍，金石可镂"、诸葛亮的"鞠躬尽瘁，死而后已"等，在历史上极大地激发了敬业主体的主观能动性，造就了中华民族自力更生、奋发图强、顽强拼搏的工作精神和敬业传统。《孟子》曰："天将降大任于是人也，必先苦其心志，劳其筋骨，饿其体肤，空乏其身，行拂乱其所为，所以动心忍性，曾益其所不能。"[①]《荀子》曰："骐骥一跃，不能十步；驽马十驾，功在不舍。锲而舍之，朽木不折；锲而不舍，金石可镂。"[②]王勃在《滕王阁序》中写道："穷且益坚，不坠青云之志。"[③]暂时的困窘反而会磨炼一个人的意志，使人坚定自己的理想志向，而这个人一旦获得机会，就会直上青云，取得成功。只要理想坚定而高远，那么一时的窘迫不过是成功的试金石。我们要有强烈的自信与坚定的意志，在追求远大抱负的过程中难免会遭遇磨难，然而这些磨难并不能真正打垮一个人，相反，前进路上的磨难反而会磨炼一个人的意志，砥砺一个人的品格，最终让人实现自己的理想事业。

（四）勤勉努力、精益求精的职业态度

勤劳是中华民族的传统美德，勤勉努力是最基本的职业态度。"勤"是指勤于职守、勤勉努力，以求业务的炉火纯青。"业精于勤""勤则不匮"，这是一种外在的敬业践行。勤根据不同职业有不同的要求。执政者应勤勉国事，维护统治；而对于广大人民来说，应辛勤生产，创造社会物质财富。唐宋八大家之一的韩愈曾经在他的《进学解》中提出："业精于勤，荒于嬉。"[④]学业因为勤奋学习而日渐精微，因为嬉戏玩乐而有所荒废。学如逆水行舟，不进则退，勤学不能是一时的，应长久地将勤学的优良传统坚持下去。

关于职业技能，无论人们从事何种行业，只有具备精湛的技术才能优质地、高质量地完成本职工作。古人对敬业主体的业务素质也提出了更高的要求。"志于道，据于德，依于仁，游于艺。"[⑤]从业者不仅要有高尚的道德情操，还要"游于艺"，即具备高超的技能。合格的君子应当德才兼备、既贤且能。在细节上

① （战国）孟子. 孟子 [M]. 哈尔滨：北方文艺出版社，2019.

② （战国）荀子. 荀子 [M]. 太原：山西古籍出版社，2003.

③ （唐）王勃. 王勃集 [M]. 太原：三晋出版社，2008.

④ （唐）韩愈. 韩愈全集 [M]. 长春：时代文艺出版社，2001.

⑤ 刘兆伟译注. 论语 [M]. 北京：人民教育出版社，2015.

追求完美体现的是一种专业化品质，是一种职业操守。"工欲善其事，必先利其器""苟日新，日日新，又日新"，只有具备精益求精的职业操守的人，才能具有完美的工作表现，达到"技可进乎道，艺可通乎神"的境界。

（五）重义轻利、诚信不欺的职业作风

"义"这一概念，蕴含了道德准则、道义原则及追求至善的崇高理念；而"利"，则直接关联于经济利益、政治权益等实际层面的好处。职业活动是为了确保个体及其家庭的基本物质生活需求得以满足。然而，在追逐这些实际利益的过程中，人们往往会遭遇与道德道义相悖的情境。无论是古代社会还是现代文明，如何平衡义与利的关系，既是对个人品德与智慧的考验，也是社会文明进步的重要标志。

在中国悠久的历史长河中，对义与利关系的深刻探讨贯穿于整个学术文化发展的轨迹之中。自先秦时期起，孔子、孟子等先贤便对义与利的关系进行了讨论，其后的西汉董仲舒，乃至宋明理学的代表人物程颐、程颢、朱熹、陆九渊、王阳明等，均在传统义利观的基础上不断传承与创新。从价值取向的维度审视，重义轻利始终占据中国传统伦理文化的核心地位，尤其是以孔孟为代表的儒家思想，更是将这一观念发扬光大。儒家认为，在面对个人利益时，首要之务是审视其是否合乎道德准则，即孔子所言"见利思义"。这种以义为先、以道德为重的价值取向，不仅塑造了中国古代士人的高尚品格，也深刻影响了中华民族的精神风貌与文化传统。孔子曾指出："放于利而行，多怨。"在孔子的伦理体系中，"君子义以为上"乃是其核心要义，强调道德价值凌驾于物质利益之上，是君子立身处世的根本原则。儒家的义利观，深刻蕴含着敬业精神的精髓，它教导我们在面对个人利益与他人、集体利益的冲突时，应秉持利他精神，优先考虑他人与集体的福祉。这种高尚的价值观，在从政者的身上得到了尤为鲜明的体现。他们被要求在处理"公"与"私"的关系时，必须坚守公正无私的原则，保持清正廉洁、不贪不腐的职业操守，以维护社会的公平与正义。

诚信不欺是重义价值观的另一个表现，在中国传统社会职业领域，诚信不欺的职业作风被视为行业生存与发展的基石。从"信者储也"中可以窥见诚信与财富积累之间的深刻联系。"储"字由"信"与"者"组合而成，象征着唯

有那些坚守诚信之道的人，方能汇聚并积累起真正的财富与福祉。

第二节　当代职业素质构成及要求

一、职业素质概念界定

（一）职业的概念

从人力资源角度来看，职业是按不同类型划分的劳动岗位。有人将职业分为现实型、调查型、艺术型、社会型、企业家型、传统型，还有人将职业分为操作型、艺术型、经营管理型、社交型。企业人员一般分为三大类，即管理人员、技术人员和一般职工。管理人员是指那些从事企业经营管理活动的人员，包括高层管理人员、中层管理人员和基层管理人员。技术人员是指那些工程师、科研开发人员、技术员等从事新品开发、技术创新、产品检测、技术指导等工作的各类人员。一般职工是指企业生产、服务人员，如一线工人、各职能部门的一般工作人员、公关与销售人员等。

在我国，职业一词最早见于《国语·鲁语》："昔吾王克商，通道于九夷百蛮，使各以其方贿来贡，使勿忘职业。"①意思是从前武王能够赏赐部下，使南北道路畅通，让南北进贡自己国内的珍宝，让南北不敢忘记自己的本职操守。如今，职业已明确界定为个人在社会中通过提供专业服务以获取主要生活来源的特定工作，即职场上的专项行业分类，它是对人类劳动活动的一种系统性划分。作为社会精细分工的直接产物，职业在商品经济繁荣的社会里，特指那些需要并展现特定专业技能的社会性劳动岗位。这一范畴广泛涵盖了教师、工人、技术工程师、军人、清洁工、记者、咨询师、演员、作家等众多不同行业角色，它们共同构成了社会运行的多元面貌。职业不仅是个体运用自身能力服务于社会、实现个人价值的连续过程，也是劳动者通过长期、稳定地参与某项报酬性劳动所获得的身份标识和社会定位。

---

① （春秋）左丘明. 国语 [M]. 沈阳：辽宁教育出版社，1997.

（二）素质的概念

何为素质？素质实际上是一个人在社会生活中所展现出的思想与行为方式的总体反映。它既包括了人的素养，也包括了人的品质，而且这种展现是受到先天和后天因素的双重影响的。在这里，先天主要是指一些生理特征，这些特征有可能会通过遗传的方式传递给下一代。而后天因素则主要是指一个人在不同的成长阶段所接受的教育，这些教育有可能会对一个人产生深远的影响，从而塑造出他独特的素质。

素质中的品质部分，包括了道德品质、心理品质和生理品质等多个方面，这些品质并不是一成不变的，而是可以通过不断地学习和实践来提高的。一个人可以通过学习新的知识，通过参与社会实践，通过与他人的沟通交流，不断地提升自己的品质。

而素养，则是素质的另一个重要组成部分。素养是一个人内在素质和外在表现的综合体现。一个人的内在素质可能很难被他人直接观察到，但是通过他的言行举止，我们却可以间接地了解到他的内在素质。就像我们常说的，一个人的气质，往往就是他内在素质的外在表现。而一个人的外在表现，又可以通过不断地锻炼和塑造来提升。

因此，我们可以认为，一个人的素质，是以他的先天生理特征为基础，通过后天的教育和学习，不断地培养和形成的。素质的高低，不仅决定了一个人在生活中的表现，也是判断一个人是否能够胜任某项工作的起点，是决定并区别绩效差异的个人特征。

（三）职业素质的概念

1. 职业素质的定义

职业素质，作为职业活动中不可或缺的基本特质，其形成是在教育熏陶与劳动实践双重作用下逐步累积的过程。《全国职工素质建设工程五年规划（2015年—2019年）》明确设定了至2020年的国家人才发展战略蓝图，旨在构建一支高素质的人才队伍，以增强国家的全球人才竞争力，并为我国进入21世纪中期奠定坚实的人才基石。不同职业领域对职业素质的要求各具特色，体现了职业多样性与专业性的高度融合。职业素质的核心要素为职业信念、职业知识技能以及职业行为习惯。将正确的信念与精湛的技能转化为日常的职业行为习惯，离不开反复的训练与坚持。

职业信念不仅深刻影响着个人事业的成败，还直接决定了其所能达到的成就高度。它是个人世界观、人生观与价值观在职业追求中的集中投射，为职业生涯铺设了基石。职业知识技能涵盖了广泛的知识范围与复杂的知识架构，以及在特定职业环境下迅速应对挑战、高效解决问题的能力。这些知识与技能并非与生俱来，而是需要个体通过持续不断的学习与实践逐步积累与完善的。

培养良好的职业行为习惯是高效高质地完成工作的先决条件。行为作为思想意识的直接反映与外在展现，其模式与效率深受内在观念的影响。而习惯则是在长期实践中逐渐固化下来的工作模式与行为倾向。在职场环境中，个人的行为习惯直接关乎工作效率与成果质量。

部分学者强调，职业素养的核心在于行为的规范化程度。另一部分学者则从职业认同的视角切入，运用民族志这一研究方法，细致剖析了职业素养内化的复杂过程。他们提出，强烈的职业认同感能够促使个体在工作实践与流程中展现出高度的相似性。

2. 职业素质的特征

职业素质大致具有以下几个方面的特征。

（1）职业性

职业性质不同，其职业素质的内涵自然也不相同。比如在社会上，体育教师与私人健身教练的职业素质就有很大的差别。

（2）稳定性

职业素质的形成要经过长年累月的工作，形成之后具有一定的稳定性，很难快速改变。

（3）内在性

职业人员在长期的工作过程中，通过自我学习、自我认知、自我体验，会对事物的正误有一个明确的评判标准。这样有意识地对心理品质进行自我评判，会升华职业素养。

（4）整体性

一个从业工作者的职业素质不单单指他的思想政治素质和职业道德素质，还应包含科学文化素质、专业技能素质以及身体心理素质。所以职业素质要从多方面来考察，整体性的特点也就由此体现出来了。

（5）发展性

物竞天择，适者生存。为了更好地适应社会发展，人们需要不断提高自身素质。所以，职业素质一个很重要的特征是发展性。

二、当代职业素质的构成

（一）职业道德

"道德"这一词语的根源可追溯至古代中国的《道德经》一书。在道家哲学中，"道"是一个包容万象的概念，它不仅代表着宇宙间万物运行的根本法则与自然的秩序，也倡导个人行为应顺应天地自然之律，实现与宇宙和谐共生的理想状态。相对而言，"德"的内涵则更加丰富，它不仅指向了个人的道德品质与修养，还涵盖了人对于生命意义、世界观的深刻理解，以及在实践活动中所秉持的心态、策略以及处理人际关系的原则。春秋时代，"道"与"德"二字分别用于阐述自然界的法则与人类行为的规范，但尚未合成为一个整体概念，也未被并列使用以描述综合的道德体系。战国时期，儒家学者荀子首次将"道"与"德"两个概念紧密相连，创造出"道德"这一词汇，将宇宙的自然之道与个体的内在修养完美融合，提出一个全新的道德观念，即认为当个人能够深刻领悟并践行自然法则，同时在内心修养上达到高尚境界时，便能够实现一种超越凡俗的道德状态。"道"为"德"指明了修养的方向；而"德"则是"道"在现实中的生动展现，两者相互依存，共同构成了一个既对立又统一的道德哲学体系。随着时代的变迁，道德的内涵不断丰富与发展，它既是历史文化的积淀，又深深烙印着时代的特征。

不同年龄段、身处不同环境及拥有不同人生阅历的个体，其道德观念往往会展现出多样性。但公平、正义及积极向上的道德价值观仍被广泛尊崇。孟子基于人类主要的道德行为实践，将道德内容概括为恻隐、辞让、羞愧和是非四个方面。古语云："人之初，性本善。"意指每个人在初生之时，内心都蕴含着向善的本性。由于年龄的增长和经历的不同，这种本性会不断受到冲击和影响，为了守护纯真与善良，持续的学习与深刻的自我反省是不可或缺的。

道德是社会秩序稳定与人类社会持续进步的基石。只有当政府积极倡导并弘扬正确的道德观念，且这些观念被广大社会成员普遍接纳与内化，经济活动方能顺畅运行，民众方能安居乐业，社会整体方能保持稳健前行的态势。反之，若错误的道德观念在社会中占据主导地位，尤其是当这些错误的观念被众多人，特别是青少年群体所接纳并付诸实践时，即便物质条件再充裕，也难以避免地会引发罪恶与悲剧，对社会的和谐发展构成严重威胁。

也可以借助"职业伦理"这一概念，对"职业道德"展开全面且深入的科学探索与阐释。伦理（Ethics）一词，其根源可追溯至古希腊的"Ethos"，原意为风俗、习惯。道德（Morality）一词来自拉丁文的"Moress"，起初亦指风俗、习惯，随后其意义逐渐拓展，涵盖了性格特质、内在本心及道德品质等多个维度。在我国，"伦"与"理"二字频繁出现于《诗经》《尚书》《易经》等古典文献中。"伦"字常指人伦，而"理"则多被理解为周礼所代表的秩序与规范。至西汉时期，礼学大家戴圣编纂的《礼记》一书中，首次将"伦"与"理"二字合用，阐述伦理是调节与规范人与人之间社会关系的道德准则与行为规范。

随着社会分工的细化，奴隶社会时期即已孕育出多样化的社会阶层结构，并出现了职业道德这一重要概念。古希腊医学先驱希波克拉底提出了医生应遵循的公平等职业道德原则，为后世树立了典范。步入封建社会，职业道德获得了更为丰富的内涵与发展，如被尊称为"药王"的唐代名医孙思邈，其巨著《千金方》中不仅详述了医术之精湛，更深刻阐述了医生应秉持的高尚医德。然而，到了资本主义社会，随着社会分工的进一步细化和复杂化，职业道德领域也展现出前所未有的多样性与复杂性。多元价值观的并存，虽促进了文化的繁荣，但也因缺乏统一核心价值观的引领，使得片面追求经济利益的风气盛行，社会价值观体系出现混乱，个体行为规范遭遇挑战。

德国思想家马克斯·韦伯（Max Weber）在其经典著作《新教伦理与资本主义精神》中，深刻剖析了伦理视角下职业精神的丰富内涵。他强调，职场中的个体行为千姿百态，而职业伦理则规范与引导这些职业行为，这种"行为规范"体现了个人对职业所承担的责任与义务。我国学者同样认为，职业道德是特定职业领域内从业人员在职业活动中必须遵循的一系列行为准则、道德标准、道德责任以及道德规范的综合体现。

综合国内外专家学者的观点，职业道德被定义为在职业领域内，个体应恪守的一系列思想道德原则，这些原则广泛涉及工作人员与工作对象间的互动、工作岗位与从业者之间的责任关系，以及跨行业、跨岗位间的协作与尊重。在职业实践中，医生的职业道德在于救死扶伤、秉持人道精神，要求医生全心全意服务于病患，同时积极与同行及医疗机构合作，共同提升医疗服务质量；教师的职业道德则强调传道授业解惑、培育英才，并与学生家长及同行教师紧密协作，以促进学生的全面发展；法官的职业道德在于公正无私、廉洁奉公，法官必须严格依法裁判，对每一位诉讼参与者一视同仁，坚决抵制任何形式的贿赂与偏见。这些职业道德规范旨在规范从业者的职业行为，维护职业秩序，进而促进社会的和谐与进步。

（二）职业意识

随着社会经济的高速增长，企业对人才的标准与期望持续提高。作为即将踏入社会的人员，大学生的职业意识愈发成为社会各界关注的焦点。关于如何有效加强大学生职业意识教育的研究，已被提上日程。

当前，中国学者在界定职业意识时，尽管各有其独特的侧重点，但普遍认同它横跨心理学、社会学及意识形态三大领域。从心理学的维度审视，众多心理学家倾向于将职业意识视为一种深植于个体内心的自我概念，紧密关联个人如何设定并追求职业目标的过程。在职业心理结构的构建中，职业意识被赋予了控制的角色，是心理认知与心理能力的综合体现。有学者特别指出，职业意识是指个体在职业规划与选择中，对自我及未来职业图景的憧憬与理解。在谭卫华研究成果的启发下，有学者进一步拓展，指出职业意识的核心构成涵盖职业能力与职业道德两大方面。从心理学视角深入剖析，职业意识根植于个体的心理认知与能力基础之上，具体展现为职业定位与期望的明确、职业风险认知与调适能力的具备，以及职业价值观的塑造与坚守。

从社会学的维度审视，职业意识与职业之间的紧密联系，实则凸显了职业意识在社会层面的功能与作用。部分学者强调，职业意识作为一种内在的自我调节机制，不仅能够促进个人在未来职业岗位有卓越表现，还深刻反映了个体在学习探索中的内在驱动力与价值追求。而另一些学者则将职业意识比喻为全面调控的"阀门"，它汇聚了人们对专业劳动的深刻理解、深厚情感及坚定意志，明确揭示了职业意识在引导社会行为、促进职业规范方面的调控功能。

从意识形态的维度审视，职业意识融合了心理学与社会学的双重视角，呈现出一种多维度、综合性的思想形态。据学者所述，职业意识是职业环境长期熏陶下的产物，它全面涵盖了人们对职业的认知、情感倾向及价值取向。若对职业意识进行细致剖析，其基石在于职业的基本认知与知识积累，而灵魂则是职业价值观的构建；推动这一意识向前发展的，是个体对职业所怀有的深厚情感与积极态度；其实际应用则聚焦于职业选择与就业导向的实践中；职业理想则是个体期望在未来职业生涯中达成的最高目标。

综上，职业意识深刻体现了人们对某一职业的个性化理解与情感体验，这种对职业的认同度直接塑造了个体的职业态度，并外化为具体的职业行为模式。因此，在界定"职业意识"时，必须紧密结合职业本身的特质，考虑到职业间的差异性与特殊性，认识到个体职业意识是普遍性与特殊性的有机结合。从本质上看，职业意识反映了人们对职业的根本看法与价值判断，融合了基本认知与价值取向两大核心要素。因此，职业意识是基于职业角度的意识。

（三）职业理想

职业是个人与社会之间的坚实纽带，搭建起个体融入社会、实现价值的桥梁；而理想则映照出人们对美好未来的无限憧憬与不懈追求，它如同指南针，引领着人们的行为选择与实践步伐。在人生中，个人所树立并矢志追求的理想内容，对其成长轨迹与自我实现具有不可估量的价值。职业理想是内外因素交织作用的产物，对个体发展产生着深远的正面效应。它充分体现了个体对未来职业蓝图的坚定信念与热烈向往，涵盖了对理想工作性质、类型、领域的精细构想，以及对整个职业生涯发展路径的精心设计与长远规划。

个体的职业理想深刻反映了对未来职业的深刻理解与热切期待。这一理想可通过多维度进行评估，包括个体对职业的认同感与选择偏好、职业目标的明确设定与殷切期望，以及内心的职业信念与价值体系。实现职业理想的关键在于积极规划与精心设计的职业路径，这一过程促使个体将理想转化为实际行动。

职业理想的丰富内涵可归纳为六个方面内容：第一，职业认知与规划。职业认知涵盖了对职业全貌的深刻理解与职业发展脉络的精准把握。职业规划则是个人对未来职业愿景的具象描绘，为职业理想的实现铺设了切实可行的道路。第二，职业动机与信心。职业动机源自内心深处的职业需求，是推动个体勇往直前、不懈追求职业目标的内在力量。职业信心则是个人对自我能力实现职业目标的坚定信念。第三，职业兴趣。职业兴趣体现了个人兴趣在职业领域的投射，表现为对特定职业活动的持久热爱与高度专注。第四，职业情感。职业情感涵盖了对特定职业的浓厚兴趣、深厚热爱以及由此产生的情感依恋。这种情感依恋不仅加深了个人对职业的认同感与归属感，还成为推动职业理想实现的强大情感动力。第五，职业价值观。职业价值观作为个人价值观在职业领域的具体体现，指引着个体在职业生涯中的选择与追求。职业价值观不仅塑造了职业理想的深层内涵，还为其提供了明确的方向指引，决定了个人对职业道路的取舍与坚持。同时，职业理想作为职业价值观的高度凝练与展现，体现了个体对职业领域的至高追求与深切期望。第六，个体对未来工作类型、所属部门及工作地点的精心选择与设想。任何职业理想的构建都应植根于以职业活动为核心的社会实践之中，唯有通过不懈的努力与持续的实践探索，方能将其转化为现实。

（四）职业态度

国外学术界对"态度"的探讨由来已久，在心理学界，斯宾塞率先引入了"态度"作为专业术语，而 19 世纪的朗格（Lange）则是对态度概念给予明确肯定并深入剖析的先驱。朗格以专业的视角对态度进行了详尽的解读，并强调了态度研究的重要性。他通过广泛的实验与调查，揭示了人的心理因素与职业行为之间的紧密联系：心理状态的积极向上往往预示着更佳的职业表现；相反，消极的心理状态则可能对职业行为产生不利影响。在理论和实验操作两个层面上，国外心理学家均展开了分析与研究，得到很多研究成果。

著名教育家顾明远在其主编的《教育大辞典》中提出："职业态度就是个体对其职业的深刻理解并且在行动举止反映出来的倾向。"[①]

李环环和王永先也提出了自己的看法，他们认为职业态度不是一种单一的说法，其中包括个体对自身进行的职业定位、职业的忠诚度和自己按规定遵行职业责任的坚决性。

综上所述，职业态度就是个体对自己所涉及的行业的评判以及在行为举止方面反映出来的倾向。

---

① 顾明远. 教育大辞典［M］. 乌鲁木齐：新疆人民出版社，2002.

（五）职业精神

职业精神是指人在与职业相关的活动中体现出来的一种精神。

职业精神的深刻内涵，可从四个维度来阐述：第一，职业精神体现为个体在职场活动中所持有的心理状态，这种心理状态不仅映射出职业人士对其工作岗位的认同与态度，还彰显了他们能否在工作中实现自我价值，以及是否能从职业实践中收获成就感或创造实际价值。第二，职业精神并非孤立存在，它深受外界环境的熏陶与影响。在充满正能量与健康的社会氛围中，职业精神能够向更加积极的方向发展。第三，职业精神展现出稳定性和连续性，它是生活与工作中日积月累形成的职业行为模式与习惯。第四，职业精神具备强大的调节功能，它不仅能够协调职业内部错综复杂的各种关系，还能有效调整该职业与社会各界的关系，确保在维护职业荣誉与尊严的同时，也充分满足社会各界对该职业所寄予的期望与要求。

三、当代职业素质的要求

在被誉为"中国创新培训第一人"的吴甘霖先生所著的《一生成就看职商》一书中，他深刻剖析了自己从职场挫败到走上成功之路的历程。专业知识的扎实与技能的精湛是事业发展的基石，然而，真正引领个人在职场上取得成功的，是其内在的职业素养。这些素养不仅深刻影响着个体在团队中的表现，更通过个体的集合效应，塑造着团队的整体职业素养风貌。那么，现代企业在追求卓越、寻求持续发展的过程中，对于人才的职业素养究竟有哪些具体而细致的要求呢？

一些知名企业对于人才职业素养的要求如下。

摩托罗拉是全球芯片制造、电子通信的领导者。摩托罗拉衡量人才的标准可以用 5 个 E 来解释，分别是：Envision（远见卓识、想象力），即对公司的前景和公司未来发展的技术有所了解，对公司未来有信心和有憧憬；Energy（动力、活力），即要具备一定的创造力，能为公司提供新想法新点子；具备处理突发事件的能力；Execution（执行力），这就要求具备高的职业行为能力，对于企业下达指令能行动迅速，且有条不紊地处理好；Edge（果断），即具备分辨是非的能力、较强的判断力，能够对棘手事情作出正确的决定，不给公司造成困扰；Ethics（道德），具备良好道德品质，诚实守信，值得信赖，与他人友好相处，友好合作，尊重他人。由此可见，职业行为、职业技能、职业道德、职业作风都影响着一个员工是否具备较高的职业素养，也影响着企业对于人才的选择。

国际石油行业的领军企业壳牌公司，对员工的未来发展潜力给予了极高的重视。壳牌东北亚集团的人力资源部经理与壳牌中国的人力资源发展经理均明确指出，在招募新员工时，他们秉持着"发现我未来的老板"的理念进行人才甄选。壳牌评估潜在人才有三大核心标准：第一，强烈的成就欲与相应的成就能力，这体现在对事业成功的深切渴望以及为实现这一目标所展现出的专业技能与执行力；第二，卓越的人际关系能力，这不仅是指基本的社交技巧，更侧重于展现对他人的尊重、具备同理心、善于倾听、能够汇聚团队智慧、整合多元意见并促进团队协作的能力；第三，强大的分析能力，即拥有前瞻性的视野，能够灵活运用知识，高效处理、解析信息，并从中提炼出有价值的结论，以指导决策与行动。

财富 500 强公司之一——宝洁公司对人才素质的要求分别有以下八个方面：诚实守信、领导能力、发展能力、专业技能、承担风险意识、积极创新能力、解决问题能力、团结协作。这八个方面均是并列，没有先后次序之分，"诚实守信""团结协作"与"专业技能"同等重要。

根据以上这些著名企业对于人才的要求，我们可以确定大学生职业素养的基本要求：一是职业意识的具备，就是对未来事业发展要有成就欲，要有清晰认识；二是职业技能的具备，专业技能要过硬，也就是具备成就能力；三是必须具备诚实可信的品质；四是团队建设大于个人发展，要有团队合作意识；五是做事讲究实效，处理事情讲究原则；六是需具备敬业精神，反对腐败之风。

第三节　中国传统文化与大学生职业素质教育的融合

一、大学生职业素质培养的意义

（一）提升学生就业能力

国内外关于就业能力的界定主要分为两个方面：人格特质和综合素质。人格特质影响说认为就业能力源自心理——社会结构模型，强调个人对职业实现的心理动力；综合素质说则将知识、技能、情感等更加广泛的内容加入个人实现职业价值的原动力中。持人格特质说的学者认为，心理因素是影响人们就业也就是职业价值实现/职业实现的主要因素，在心理因素之下的社会结构模型与心理因素共同作用于个人，产生了宏观的就业能力外显化。持综合素质说的学者则认为，就业能力不只止步于社会——心理模型，它具有更广泛的社会需求性特征，比如有就业意图者其自身包括是否符合用工单位要求、是否具有成熟的技能、是否对工作有明朗的态度和责任心等综合素质。除以上两种经典定义外，随着时间的推移，越来越多的学者在关于就业能力的研究中不断地丰富着就业能力的概念。有学者提出了就业能力就是创业与继续就业的能力。同时，隶属于 CBC 的学者指出就业能力是雇员所拥有的、能够达成雇主需求从而实现自己在劳动市场中的价值的技能和品质。还有学者于 1999 年更进一步地将就业能力描述为一种以持续就业为状态，并以此状态不断进取晋升的能力。有学者提出，就业能力不能单纯地指工作所需要的技能和经验，更应该是在应用好工作所需要的技能和经验时所表现出的能力。

21 世纪初期，国内学者郑晓明首次展开关于就业能力的研究，在郑晓明的关于就业能力的相关研究中，将就业能力定义为大学毕业生在毕业前或毕业后，把校内知识逐步转变为能够符合当下就业劳动市场需求的人力资本，从而利用该人力资本实现自我的一种能力。同年，郑晓明还指出，学校应以大学生就业能力为评价办学能力的重要指标之一，进行人才培养方案的设计。在某种程度上，该观点与综合素质说有着相同的理论源。2006 年，文少保基于郑晓明的观点指出，学生的就业能力如果仅以符合劳动力市场需求为概念则显得过于抽象，因此就业能力必须进行量化，量化方向则应以校园内的学习内容及新知识获取能力与社会/市场需求知识体系相关联的部分为导向。文少保鲜明地体现了国内学者在进行社会研究时与国外学者的区别：国内的研究更重视结果的可操作特征，而不是单纯地提出一个理念。最终在前人的不断努力下，李军凯将大学生就业能力解释为在其求职过程中的综合素质表现。李军凯在研究中则认为，就业动机、自我概念、知识技能、个人特质和就业观念才是大学生求职就业中的最主要元素。对学生来说，其就业能力主要依托于大学生的就业能力。相比于就业过程中指出的动机、自我概念、就业观念、知识技能、个人特质等，学生的就业能力在提出之初就具有先天量化好的多维度观点作铺垫，所以我们可以看到，关于大学生就业能力的概念有一个明显的理念——要素过渡期，而关于学生的就业能力概念则出生就伴随着"要素讨论"这一具体问题的。涉及的要素，包括有三要素（维）说，四要素（维）说，及五要素（维）说。

三维说，是国外学者提出的，包括积极有效的沟通和交流能力，专业相关的知识与技能素养，积极处理问题和勇于担当的解决问题的能力。四维说，是国内学者提出的，认为大学生就业能力包括专业知识与技能、人格取向、就业发展和社会应对能力，即具备职业需求的知识与实践、与职业相适应的人格特征、对未来的规划、面对多变环境的适应能力等。刘余镇提出五维理论，认为大学生只有在五个维度上保持优秀的能力才能不被市场淘汰，这五个能力包括职业规划能力、持续就业能力、综合素养能力、求职能力和专业知识与技能。

高校的就业教育是面向新时期的人才需求和学生的就业实际，培养学生积极主动的就业态度、正确的职业认知和全面的就业能力的一项教育活动。良好的就业教育也有利于国家稳定，促进大学生职业生涯的和谐发展，使高校的发展路径与国家、社会对人才的需求规格相一致，是高校思想、行为、素质教育实践活动的重要延伸，所以，开展大学生就业教育是高校和当代大学生发展与社会发展的一致性需求。提高大学生职业素质，提升大学生的综合能力，对于就业能力的提升有着至关重要的作用。

（二）促进人的可持续发展

联合国开发计划署在其《关于人的发展报告》中指出，所谓人的可持续发展，是指人既能满足当时需要，又能保证身心和谐、均衡、持久的发展动力不受外界损害的状态。它包括了生命个体的每个因素以及整个发展历程。

职业教育的根本目的在于促进人的发展。在传统教育模式中，职业教育往往局限于培养大批量的技术型人才，忽视了个体在思想、情感以及创造力等方面的多元发展。随着时代的演变，社会对职业教育的需求也在不断提高，要求突破单一的培养模式，转向更为全面和深入的人才培育策略。当代职业教育应致力于发掘并激发学生的独立思考能力，培养他们勇于超越自我的精神风貌。

尽管现代职业教育的终极目标是全面提升劳动者的综合素质，但在实际操作过程中，人们往往更倾向于关注那些高层次的"综合发展"领域，而对于占劳动力市场大多数的普通劳动者，其综合素质的提升却往往被边缘化。这种现象提示我们，在提升从业者的职业素养时，必须坚持平等原则和大众化方向。职业素养的提升不应局限于特定群体，而应成为全社会普遍享有的教育权利，确保每个人都能在平等的机会下接受职业素养的培养，使之内化于日常生活与工作之中，从而推动整个社会向更加积极和健康的方向发展。

针对刚刚走出校门的大学生而言，他们在初入职场时往往需要一个适应期，以理解公司文化、熟悉企业制度等。面对职场中的挑战和冲突，许多年轻人可能会选择频繁跳槽或更换行业，更有甚者会对未来的职业道路感到迷茫和无措。这些现象普遍反映出这些年轻人缺乏必要的职业素养。因此，加强大学生职业素养的培养对于社会的和谐稳定及企业的人才储备和长远发展都具有至关重要的意义。这不仅能有效减少年轻人适应社会和职场的时间，还能促进他们的持续发展和职业生涯的顺利进行，这对于社会和企业的双方都是有益的。

二、传统文化对大学生职业素质培养的作用

中华传统文化育人能够起到非常好的效果，这一点已经被历史和现实所证明。高校教育应当深入挖掘中华传统文化并充分利用这份宝贵的遗产，从中汲取丰富的育人养料。这样不仅能够有效提升学生的职业素质，帮助他们更好地适应未来的社会发展，同时也能够加深学生对中华传统文化的理解和认识，激发他们传承和弘扬中华优秀传统文化的热情。

中华传统文化是中华民族的基因，深深植根于每一个中国人的心中，它对中国人民的行为模式和思维方式产生了深远的影响。可以说，中国人的言行举止，无不在某种程度上体现出中华传统文化的影子。无论岁月如何流转，无论社会如何变迁，中华传统文化依然深深影响着我们中国人民，成为我们精神世界的重要组成部分。

然而，在当代，很多大学生对中华传统文化的了解却仅停留在表面，他们没有深入认识到中华传统文化的内在价值和深远意义，更没有意识到中华传统文化对当代文明建设所作出的巨大贡献。这种情况令人忧虑，我们有必要通过各种途径，包括教育体系，来加强大学生对中华传统文化的深入学习，让他们真正了解和热爱中华传统文化，成为中华优秀传统文化的传承者和传播者。

中华传统文化不仅承载着深厚的文化底蕴，更为现代教育提供了丰富多元

的资源宝库。深入挖掘并充分利用这一宝贵遗产，对于吸引广大学生的兴趣与参与，以及推动职业素质教育的深入发展，具有不可估量的价值。近年来，社会各界对职业素质教育中的工匠精神教育给予了前所未有的关注与重视，而工匠精神深深根植于中华传统文化之中。古代工匠们创造的精湛艺术品、勇于攀登艺术高峰的精神风貌，诠释了中华民族精益求精、追求卓越的工匠精神，为当代职业素质教育提供了深刻的启示。

三、传统文化与大学生职业素质教育融合的路径

如何推动优秀传统文化进课堂、进学生头脑，有效涵养大学生的职业素养，是高校人才培养的重要课题。

当前的大学生群体，不仅脚踏实地，注重实际生活的品质与享受，还展现出强烈的个人独立意识与自我认知。鉴于这一现状，洞察大学生的内心世界与思想潮流，同时挖掘并提炼中华传统文化中仍具现实指导意义的文化，成为激发他们学习兴趣、促进其全面发展的关键策略。

为此，首要之务是为优秀传统文化赋予鲜明的时代色彩，通过贴近当代大学生兴趣爱好的表现形式，运用现代语言与先进技术手段，精准诠释传统文化的核心价值与精髓所在，以此促进优秀传统文化的广泛普及、有效传承、积极创新及持续发展。同时，必须坚持以学生为中心的教育理念，全力激发学生的主体意识与参与热情，培养他们的实践能力。

（一）引导学生正确认知职业素质

1. 明确学习目的，培养良好的学习习惯

想要从事某一职业，坚实的知识基础是不可或缺的，它不仅有助于学生知识体系的丰富与深化，更是胜任工作岗位、展现专业能力的关键。学生应当充分利用课余时间，自主阅读与职业紧密相关的传统文化书籍。通过坚持不懈的阅读与学习，学生能够不断拓宽视野，深化对传统文化的理解，进而在职业道路上走得更远、更稳。为了激发学生的内在学习动力，教师应当在学生成长的早期阶段便引导他们着手进行职业规划，帮助学生确立清晰的学习目标。学习是一个贯穿人生始终的过程，而非仅限于校园时光。学生不应当满足于对学历的简单追求，而是要培养持续学习的习惯，特别是要不断提升自己在传统文化

方面的知识涵养。

2. 树立正确的价值观，提升职业道德

要提高大学生的职业道德水准，关键在于重视对他们人生观与价值观的培养。教师不只是知识的传授者，更负责引导学生塑造积极向上的人生观与价值观。唯有当学生内心树立了正确的人生观与价值观，他们的职业道德修养才能得以真正的锤炼与升华。

高校应高度重视职业道德的构建，将爱国主义情怀、强烈的社会责任感、积极的就业创业观与成才观，以及崇高的理想与职业意识等核心要素，融入必修课程体系之中，使之成为学生成长的坚实支撑。在课程设置上，除了传统的历史、文学、艺术等人文课程外，高校还应紧跟时代步伐，开设富有时代特色的传统文化课程，让学生在传承与创新中汲取智慧与力量。此外，通过举办丰富多彩的校园活动，营造一种充满人文关怀与正能量的校园文化氛围，激发学生的集体荣誉感与归属感。

（二）打造全员职业素质教育平台

职业素质的培育构成了人才培养工作的基石，其深化与发展亟须构建一个全员参与、协同共进的育人生态系统。为此要打造融合学校、家庭、社会与学生"四位一体"的综合性育人框架，并搭建起跨越课堂界限、联结师生情感、促进家校合作、深化校社互动的全方位教育网络。高校强调教学、管理、服务等各领域教职工的广泛参与，共同挖掘并运用传统文化的丰富资源，以滋养并强化职业素养的培育实践。

所谓师者，传道授业解惑也，因此教师既要言传，更需身教。一方面，传道者自己首先要明道、信道，不论从事何种专业和课程的教学，教师都要不断完善和提高自身的理论水平、道德修养品质和传统文化素养，把外在形象与内在素质结合起来，以深厚的学识水平、精湛的教学艺术、高尚的师德师风感召和熏陶学生，以自己的言行和人格魅力影响学生。

另一方面，教师要善于挖掘优秀传统文化中的教育资源，有意识地将与专业相关的优秀传统文化融入自己的教学过程中，善于以高尚的民族精神塑造人，以优秀的文化作品鼓舞人。

（三）搭建全方位职业素质教育网络

1. 要抓好课堂教学的主渠道

在现代教育体系中，课堂教学是一种至关重要的方式，它有助于系统化、科学化地向学生传授和培养优秀的传统文化以及职业素养。为了更好地实现这一目标，需要从高等学府的实际情况出发，采取一系列措施来充分发挥各类课程的作用。

首先，可以充分利用"大学生职业发展""就业与创业"等必修课程，让学生在学习专业知识的同时，对这些与实际就业和职业发展相关的技能和素养有一个全面、深入的了解。这些课程不仅能够帮助学生树立正确的职业观念，还能够提升他们的职业规划能力和创业精神。

其次，还应当发挥思想政治理论课、人文素质课、心理健康教育等课程的辅助作用。思想政治理论课可以帮助学生树立正确的世界观、人生观和价值观，从而为他们的职业发展奠定坚实的思想基础。人文素质课则有助于提升学生的人文素养，使他们具备更为丰富的精神世界和更高的道德修养。心理健康教育课程则能够帮助学生保持健康的心理状态，更好地应对职业发展过程中的各种挑战。

此外，还需要合理利用专业课程的辐射作用，将优秀传统文化和职业素养的培养融入专业课程的教学中，让学生在掌握专业知识的同时，也能够受到优秀传统文化的熏陶。

最后，应当大力开发优秀传统文化的选修课程，通过这些课程的设置，让学生在学习过程中更深入地了解和热爱我国的优秀传统文化，从而在课堂教学的主渠道中实现优秀传统文化对职业素质的涵养。这样，我们的学生就能够在掌握专业知识的同时，具备较高的职业素养，为将来的职业发展奠定坚实的基础。

2. 加强社会实践的拓展作用

有一部分学生理论基础比较薄弱，同时他们的学习意愿和能力也不足。然而，他们在实践能力和参与意愿方面却相对较强。因此，需要采取一些措施，加强社会实践的引领作用。

首先，可以考虑建立一些传统文化社团，组织各种丰富多彩的活动，这样既可以丰富学生的业余生活，也可以让学生在学习之余，更好地了解和体验传统文化。

其次，可以利用地域资源，组织学生参观考察博物馆，通过实地考察，让学生陶冶情操，开阔眼界。这样既能够提高学生的历史文化素养，也能够激发他们对学习的兴趣。

最后，还可以结合学生的专业历史文化，引导学生进行思考和实践。通过深入研究和实践，让学生在文化传承中感受到自己的使命和责任，从而提高他们的学习意愿和能力。

总的来说，需要通过各种方式，激发学生的学习兴趣，提高他们的实践能力，同时也要让他们在学习的过程中，增强使命感和责任感，为我国的文化传承和发展作出贡献。

3. 发挥校园文化的熏陶功能

在校园文化中有意识地融入我国博大精深的优秀传统文化，这不仅有利于充实和丰富校园文化的底蕴，还能够帮助构建一个积极向上、充满活力的校园文化氛围。在这个过程中，高校校园文化建设承担着至关重要的作用，它需要为大学生创造各种与传统文化亲密接触的机会，这些机会包括：对校训和班训进行深入的提炼和解读、对教学场所的精心布置和命名、校园人文景观的精心设计、宿舍文化的建设、校园活动的开展等。

在这个过程中，需要善于抓住教育的每一个契机，积极开展校园宣传活动，以此来打造一个充满优秀传统文化，同时又具有职业素质培育环境的校园。这样的环境不仅能够提升学生的职业素养，还能够增强他们的文化底蕴。

同时，还要充分利用地域性的传统文化因素，进一步强化校园文化建设。这不仅可以增强学院的文化底蕴，也能够提升学院的文化氛围，让学生在校园的每一个角落都能够感受到传统文化的魅力。总的来说，将优秀传统文化融入校园文化建设中，不仅是对传统文化的传承，也是对校园文化的丰富和发展。

4. 充分利用好新媒体

随着新媒体的迅猛发展和广泛应用，当代大学生的日常生活和学习方式正在经历一场深刻的变革。新媒体，如微博、微信、微视频和客户端等，已经成为学生生活中不可或缺的一部分，它们在学生的日常学习生活中扮演着越来越重要的角色。面对这样的变化，高校思想政治教育也面临着一场前所未有的深刻变革。

　　高校必须积极应对新媒体时代带来的挑战，转变传统的教育观念，开拓新的思路，挖掘新的资源，抢占新的阵地。在这个过程中，高校需要调动一切可以利用的积极因素，充分利用新媒体这一平台，发挥中华优秀传统文化对大学生职业素质的涵养功能，提升大学生的职业素养。

　　在新媒体时代，高校要善于运用新媒体开展教育工作，不仅要解决学生的思想问题，还要解决学生的实际问题。高校需要抢占虚拟世界的思想阵地，创新传统文化融入职业素质教育的内容和形式，使传统文化在职业素质教育中发挥更大的作用。

　　同时，高校还需要加大网络特别是校园网的管理力度，牢牢把握住网络教育的主动权。通过有效的网络管理，高校可以更好地引导大学生正确使用新媒体，使新媒体成为高校教育的重要工具，为大学生的成长提供更多的帮助。

参考文献

［1］张枫. 中国优秀传统文化与高校思想政治教育工作融合研究［M］. 太原：山西经济出版社，2022.

［2］杨文笔. 中国传统文化导论［M］. 银川：宁夏人民出版社，2020.

［3］温雪秋. 中国传统文化与大学生思想政治教育融合研究［M］. 北京：中国水利水电出版社，2019.

［4］王易. 传统文化与思想政治教育创新［M］. 北京：中国人民大学出版社，2018.

［5］刘思阳，何昌，吴星，等. 中国优秀传统文化与大学生思想政治教育探究［M］. 北京：中国水利水电出版社，2016.

［6］褚艳华. 中国传统文化的传承与发展［M］. 北京：新华出版社，2020.

［7］李志毅. 优秀传统文化的现代教育价值探索［M］. 北京：北京工业大学出版社，2023.

［8］曹玉华. 思想教育与传统文化［M］. 长春：吉林人民出版社，2018.

［9］张香君. 中国传统文化与高校德育教育研究［M］. 北京：北京工业大学出版社，2023.

［10］岳东起. 高校思想政治教育中传统文化的价值研究［M］. 北京：北京工业大学出版社，2020.

［11］张绍斌. 高等教育弘扬优秀传统文化思考［J］. 新教育时代电子杂志（教师版），2023（39）：85-87.

［12］罗春娟. 传统文化融入高校教育的价值与策略［J］. 管理学家，2023（22）：84-86.

［13］张雁泉. 高校传统文化教育创新策略探析［J］. 铁道警察学院学报，2023

（5）：118-122.

[14] 吉祥. 传统文化与德育教育过程的融合路径研究：评《高校德育教育与中国传统文化探索》[J]. 应用化工，2023（12）：3491.

[15] 肖琦，孔定芳. 论新时代中华优秀传统文化教育创新 [J]. 社会科学动态，2024（5）：87-93.

[16] 黄音赞. 探索以优秀传统文化助力思政教育立德树人 [J]. 中国军转民，2024（5）：32-33.

[17] 蔡海飞. 高校思政教育和传统文化教育融合策略研究 [J]. 淮南职业技术学院学报，2023，23（2）：22-24.

[18] 吴桐. 传统文化在高校思想政治教育工作中的应用 [J]. 新教育时代电子杂志（教师版），2024（4）：145-147.

[19] 王亮，潘勇强，王燕. 中华优秀传统文化融入高校思想教育路径研究 [J]. 大众文艺，2024（4）：196-198.

[20] 张燕玲. 以中华优秀传统文化进行爱国主义教育 [J]. 中国教师，2024（3）：1.

[21] 骆津晶. 中华优秀传统文化融入新时代高校德育教育研究 [D]. 北京：北京外国语大学，2021.

[22] 赵元. 新时代中华优秀传统文化融入大学生思想政治教育研究 [D]. 南充：西华师范大学，2023.

[23] 孙婧. 中华优秀传统文化融入高中思政课教学探究 [D]. 西宁：青海师范大学，2023.

[24] 刘安妮. 习近平传统文化观融入高校思想政治教育研究 [D]. 哈尔滨：黑龙江大学，2023.

[25] 梁苑春. 儒家优秀传统文化融入高校思想政治教育研究 [D]. 南昌：江西师范大学，2023.

[26] 郑君. 中华优秀传统文化的思想政治教育价值研究 [D]. 长春：东北师范大学，2022.

[27] 杨雷. 中华优秀传统文化融入大学生思想政治教育研究 [D]. 重庆：重庆师范大学，2023.

[28] 薛薇. 中华优秀传统文化融入大学生思想政治教育的逻辑基础和实践路

径研究［D］. 银川：北方民族大学马克思主义学院，2023.

［29］田倩倩. 新时代大学生中华优秀传统文化认同研究［D］. 石家庄：石家庄铁道大学，2022.

［30］路倩. 中华优秀传统文化涵养青少年道德人格研究［D］. 阜阳：阜阳师范大学，2022.